I0844403

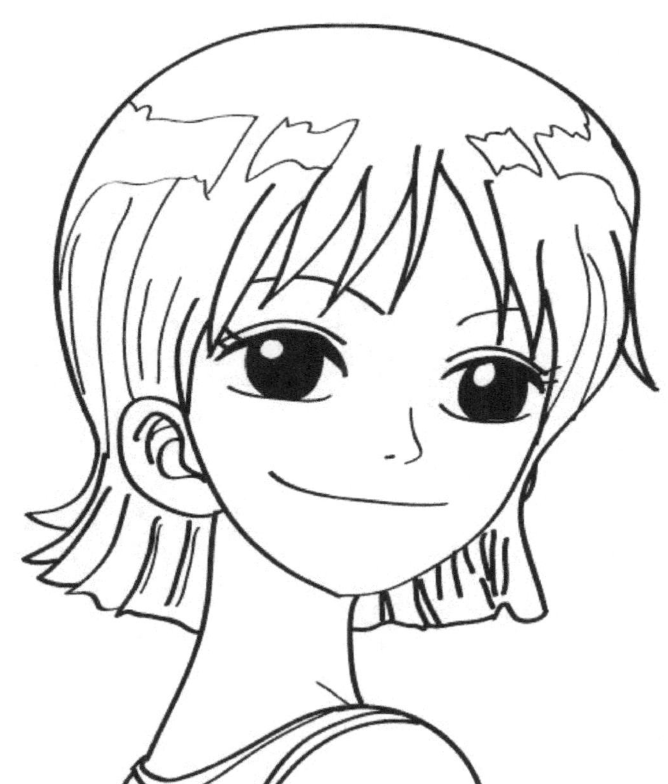

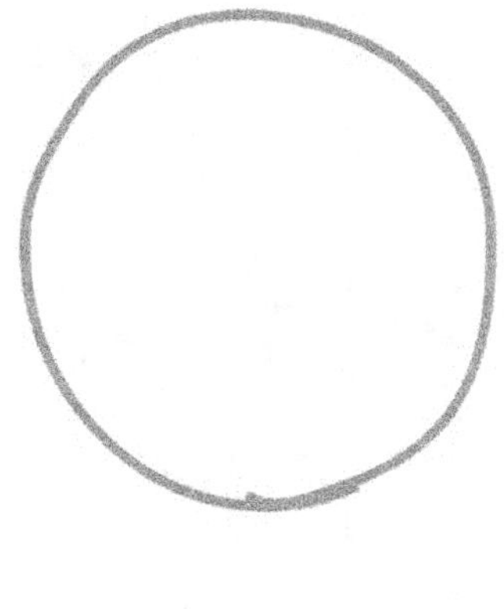

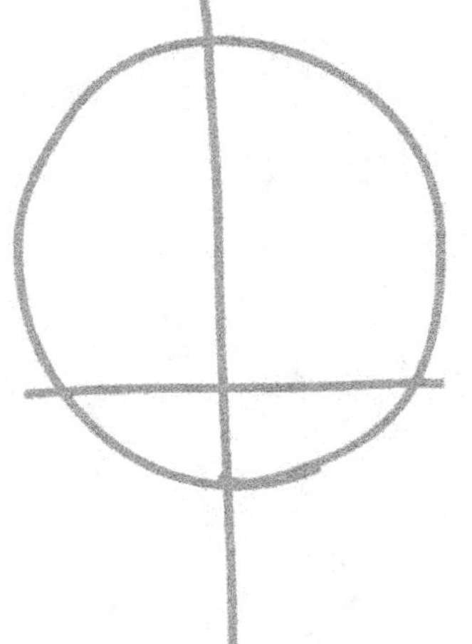

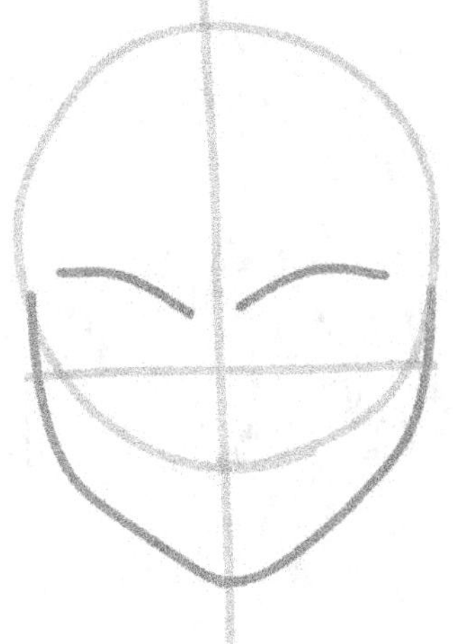

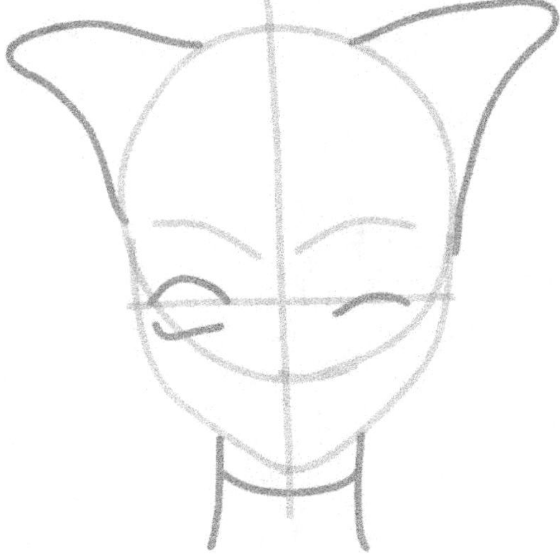

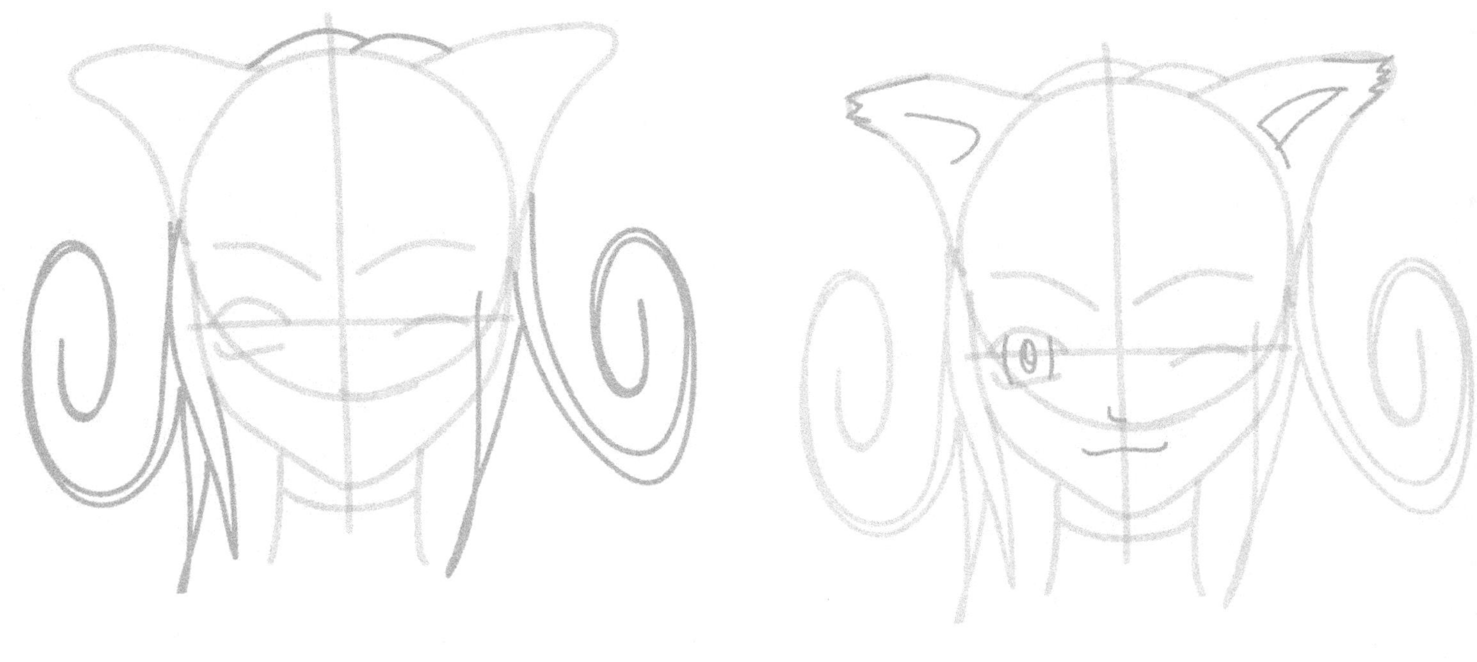
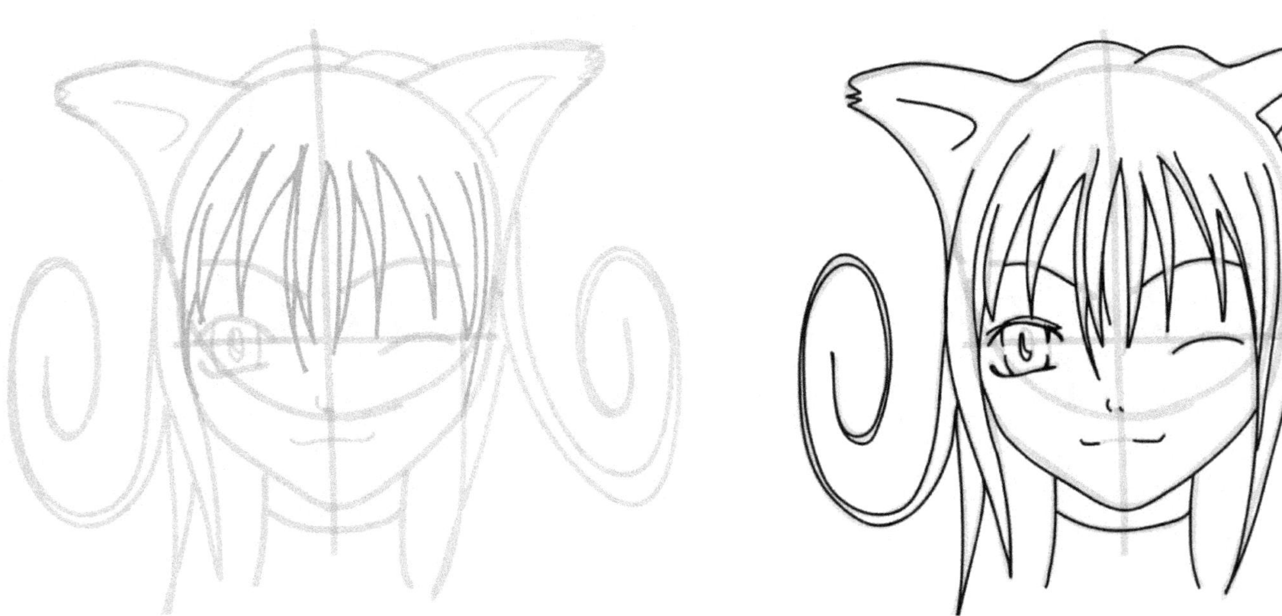

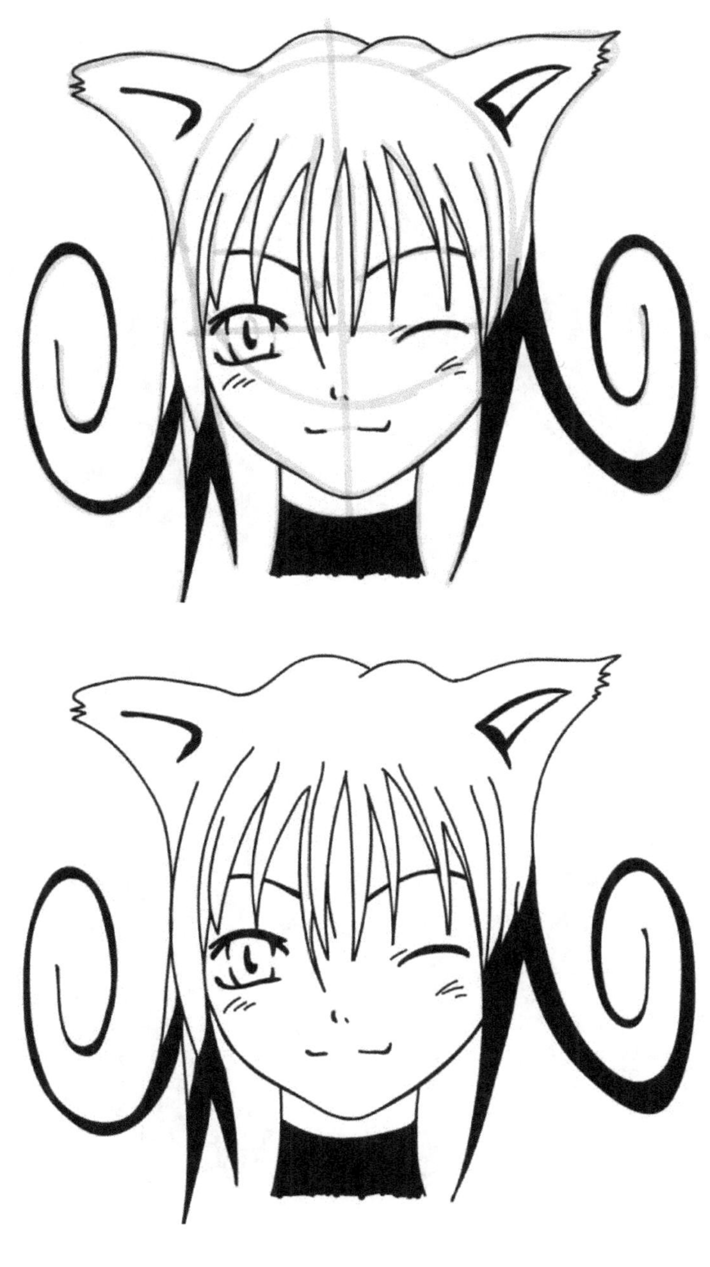
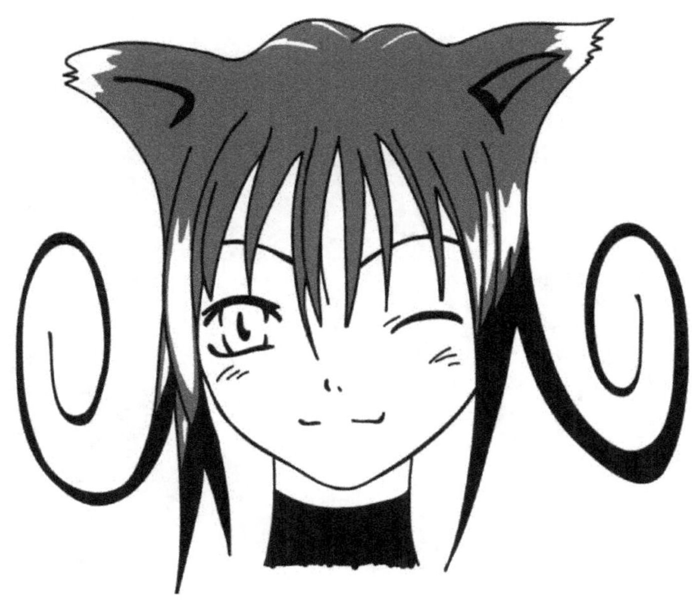

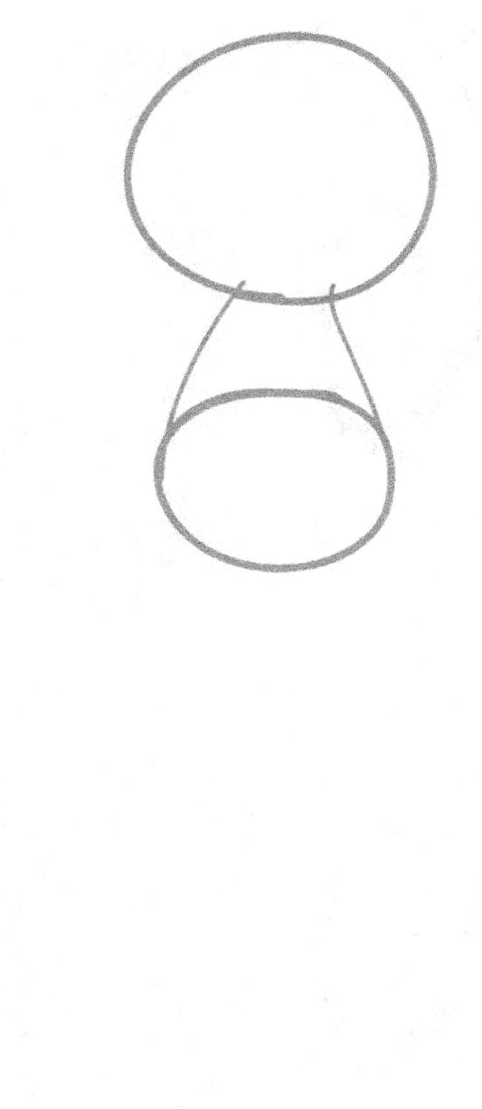
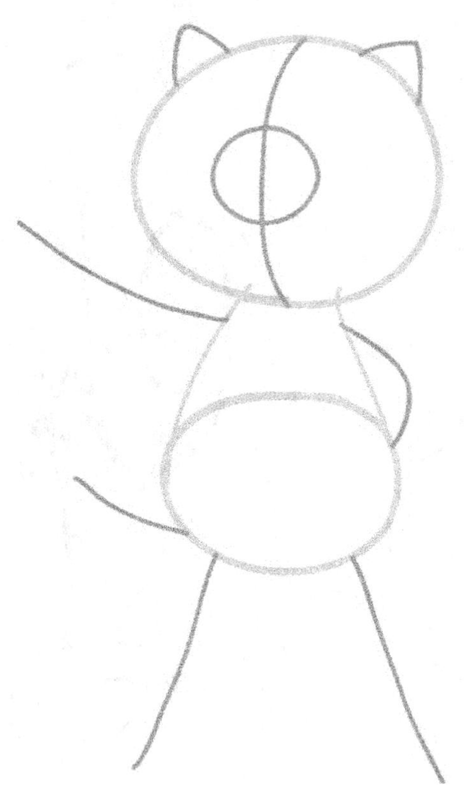
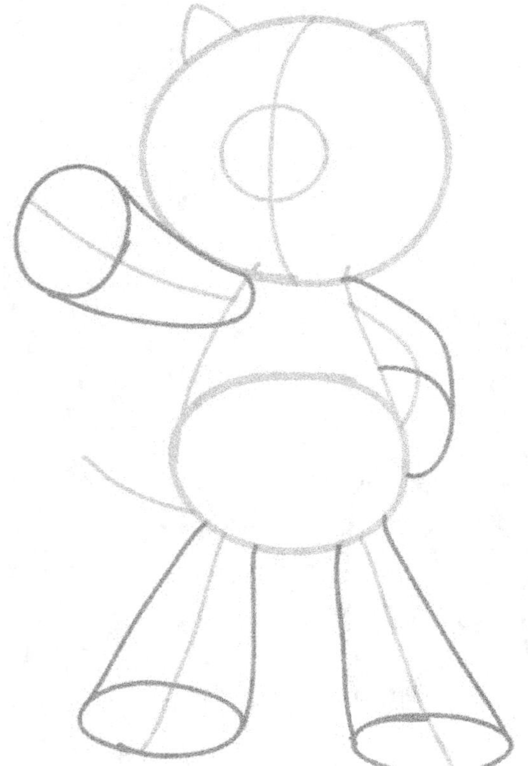
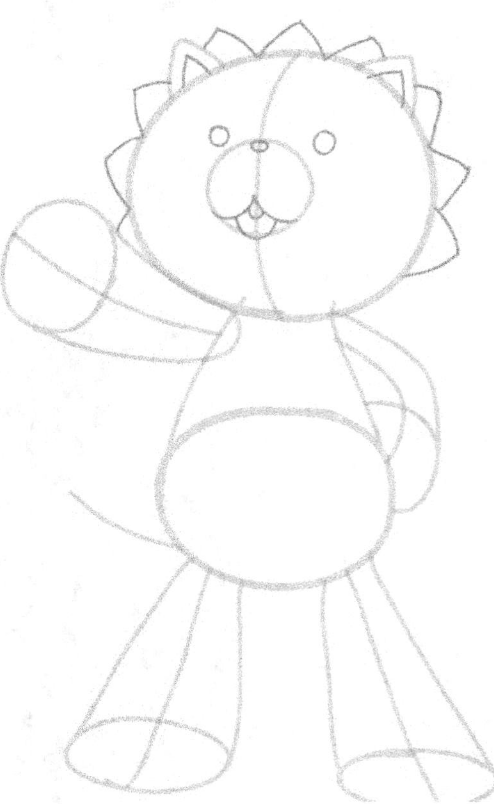

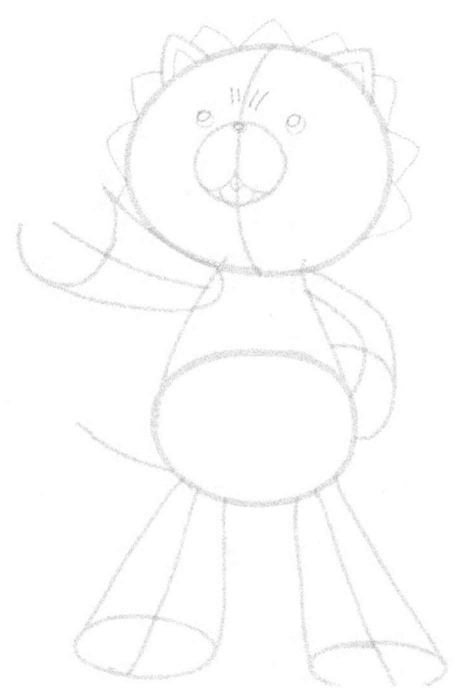

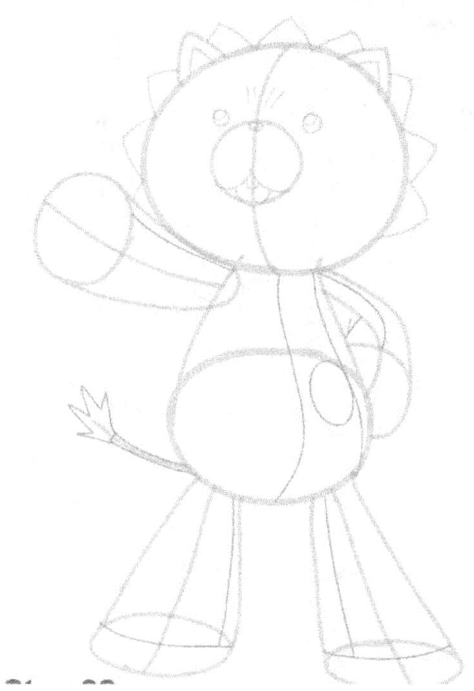

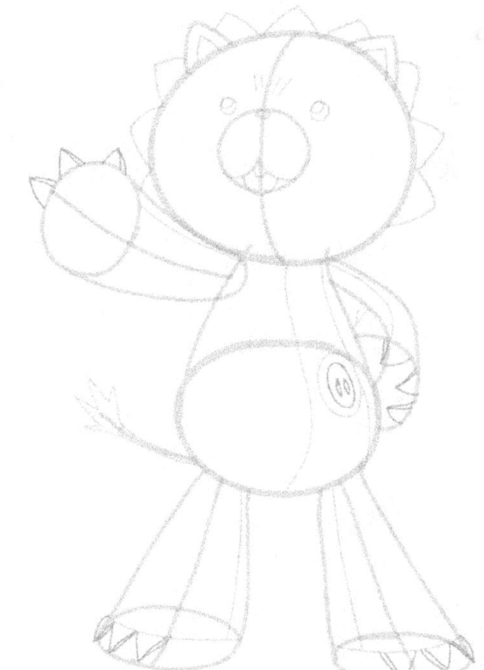

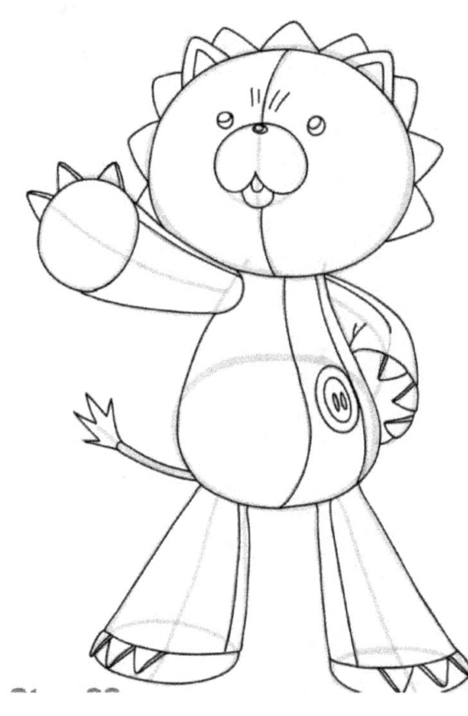

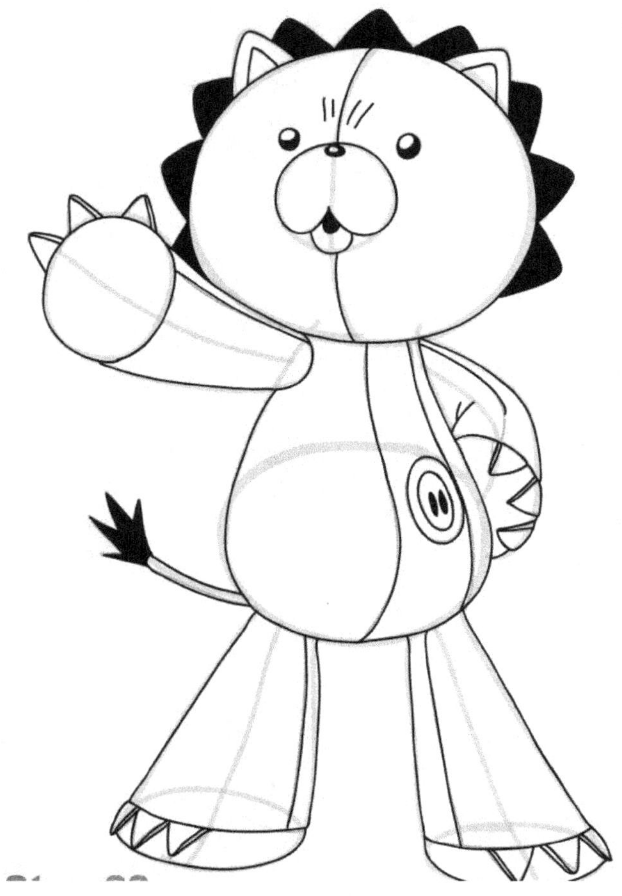

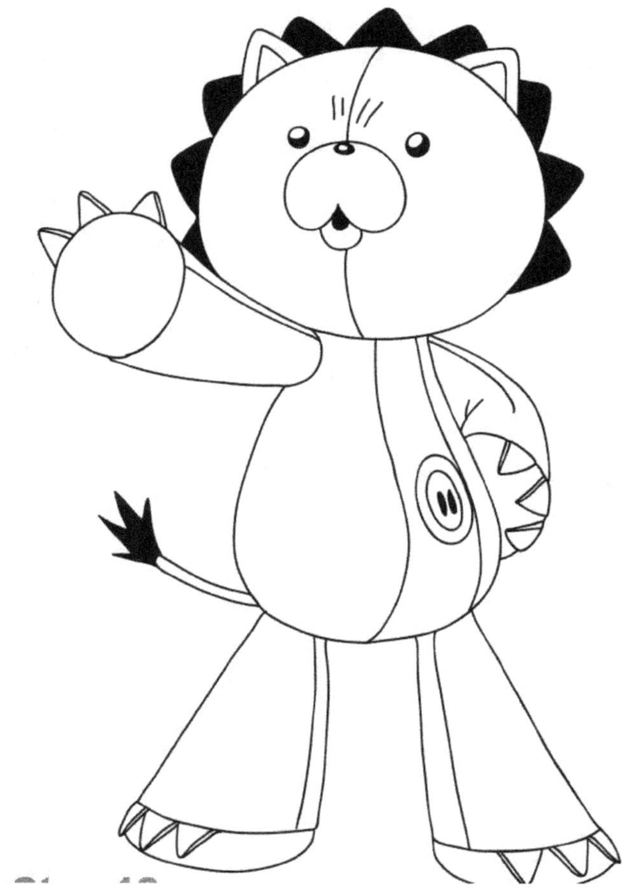

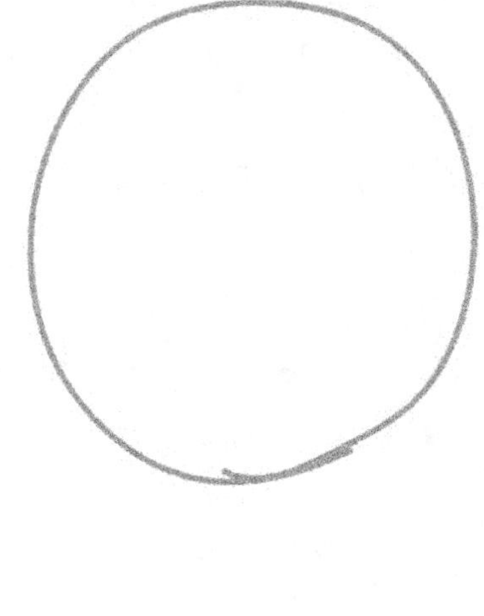

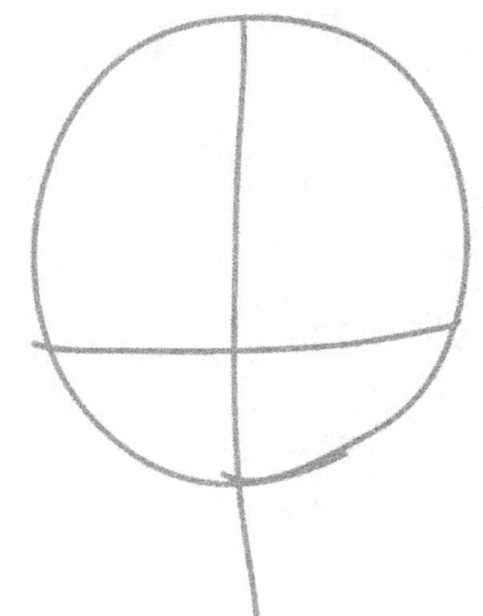

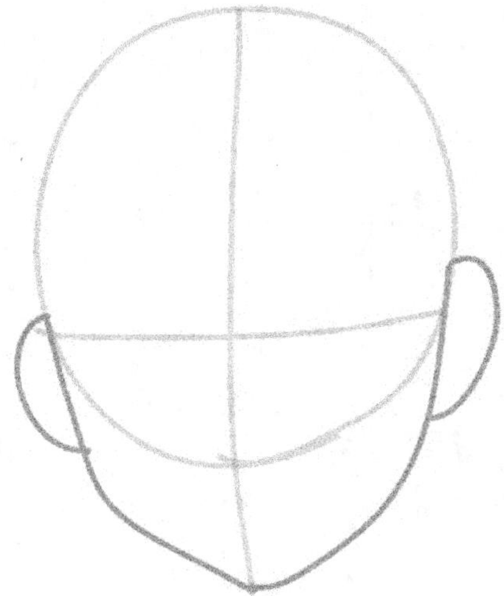

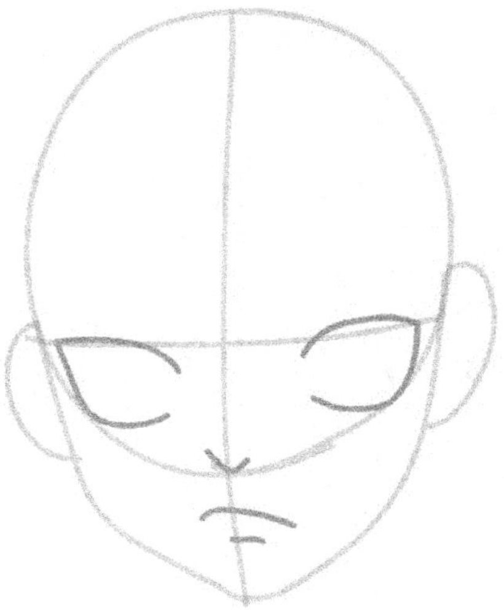

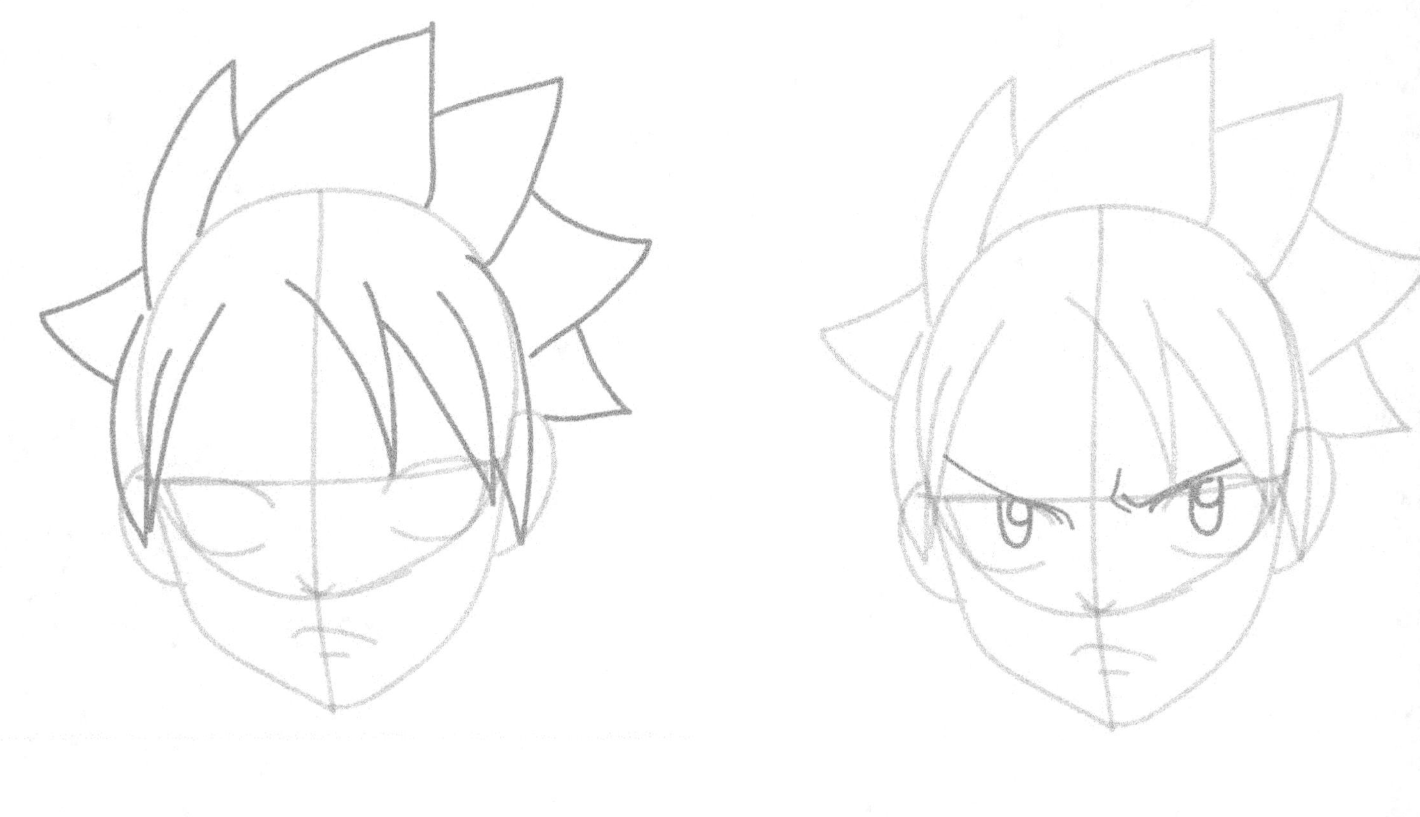

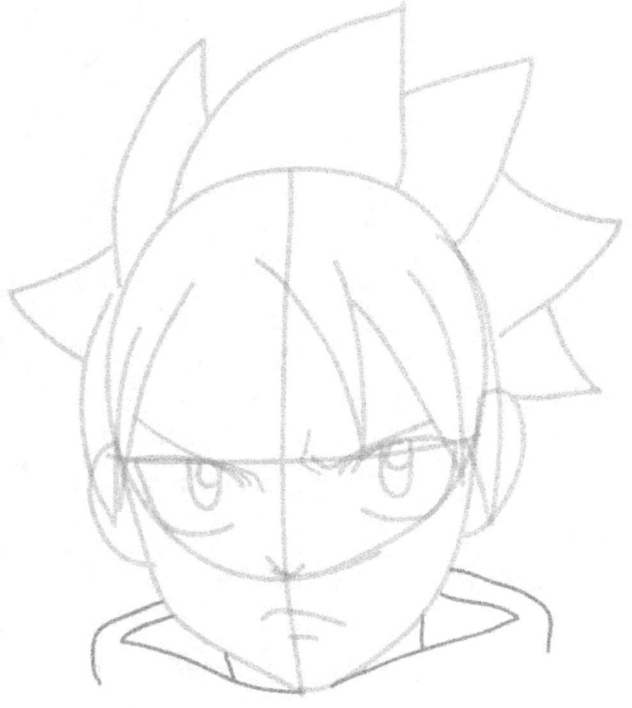

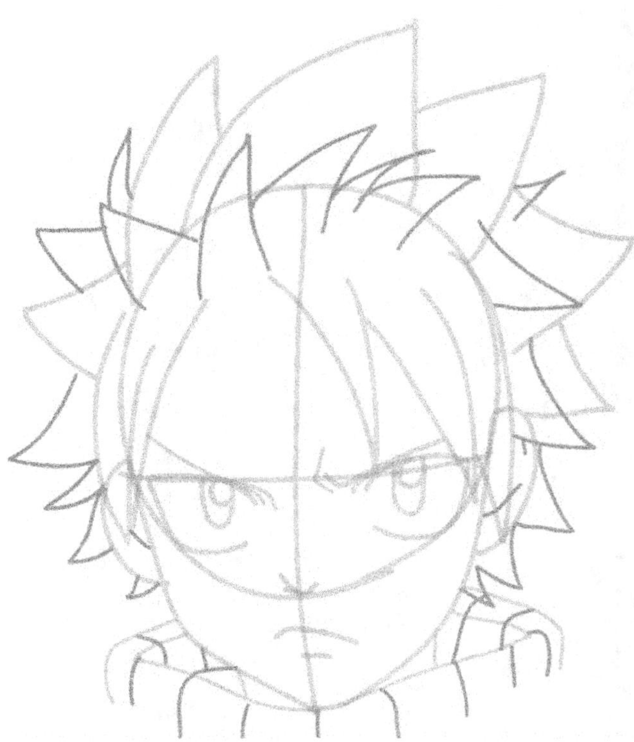

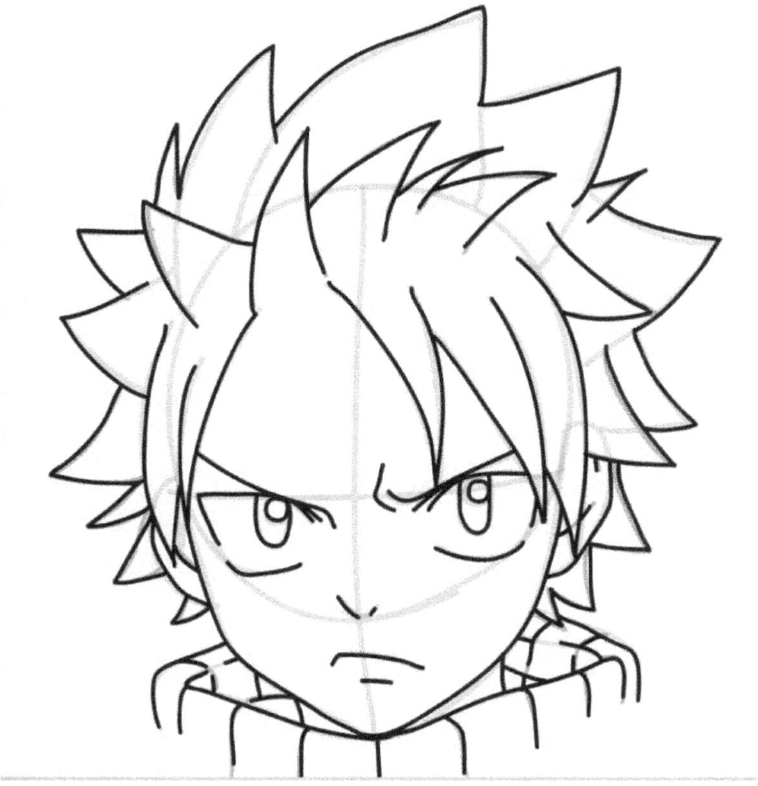

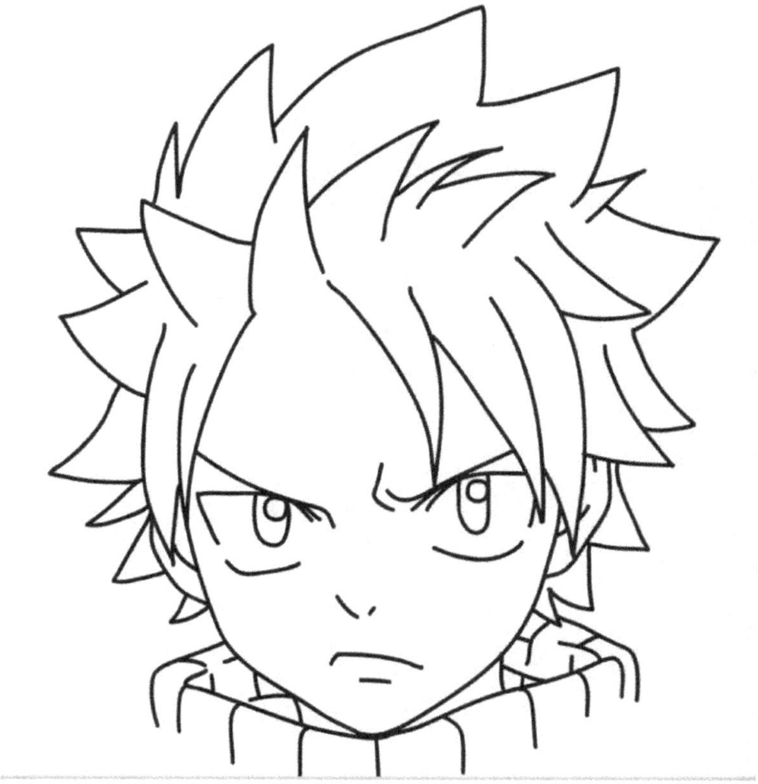

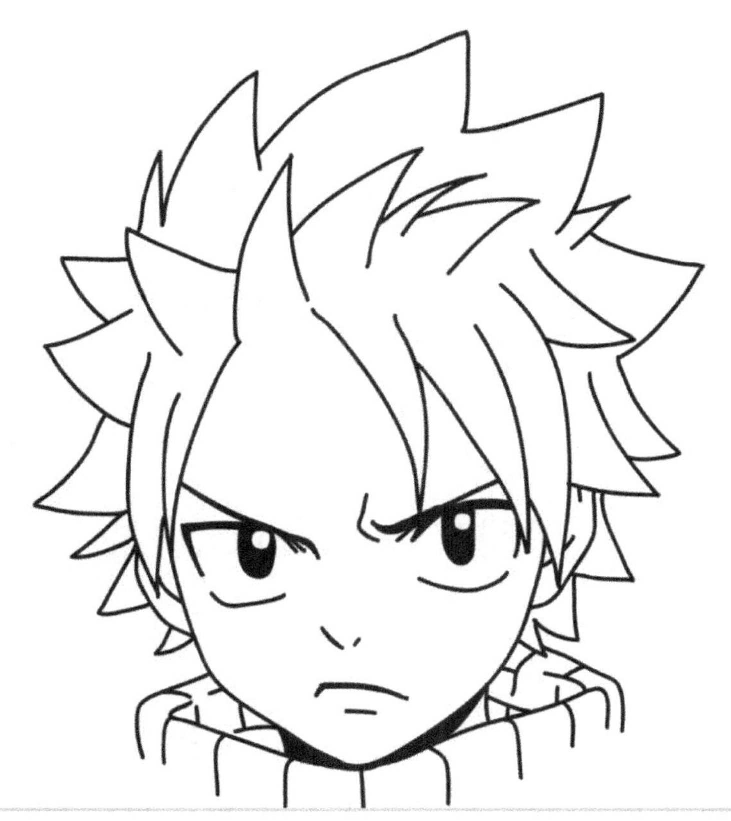

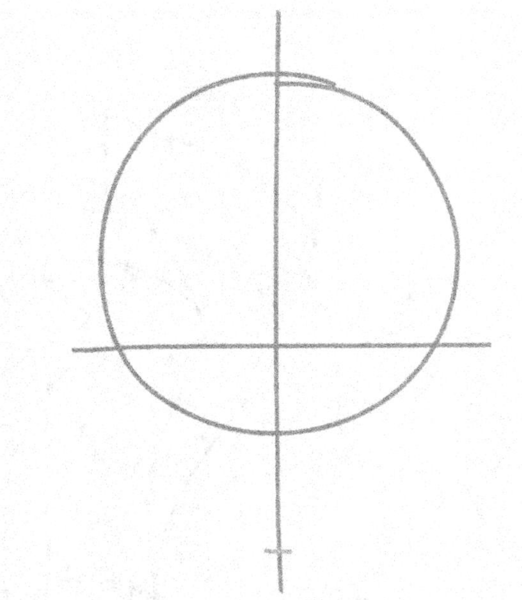

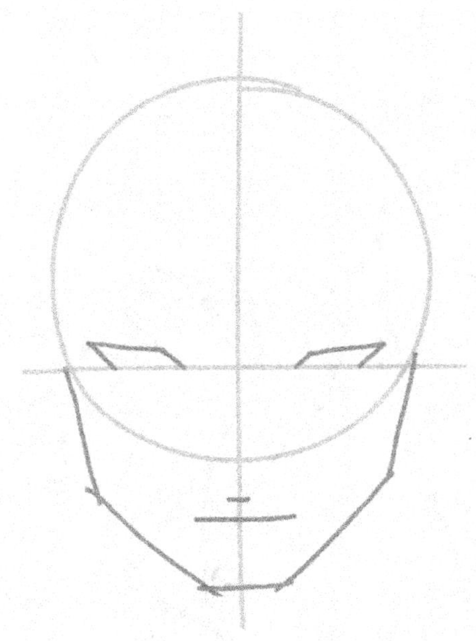

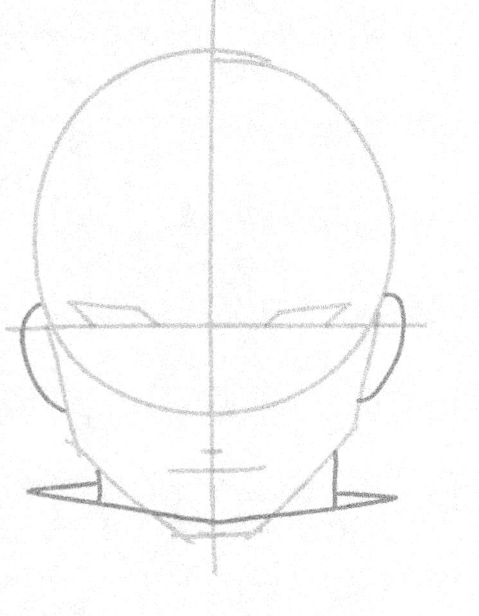

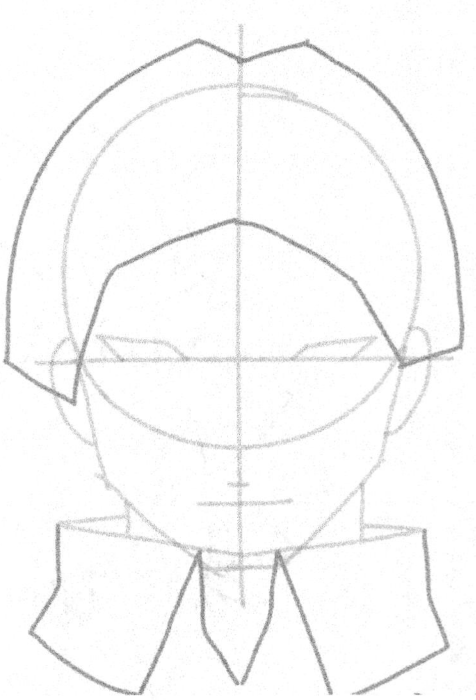

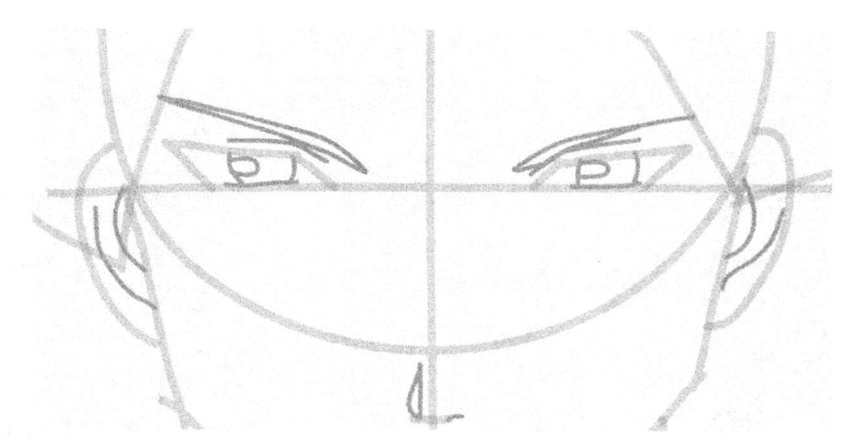

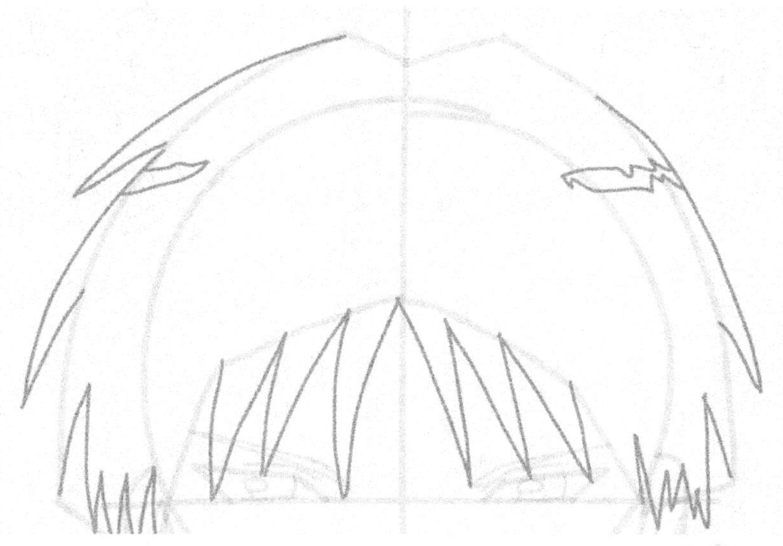

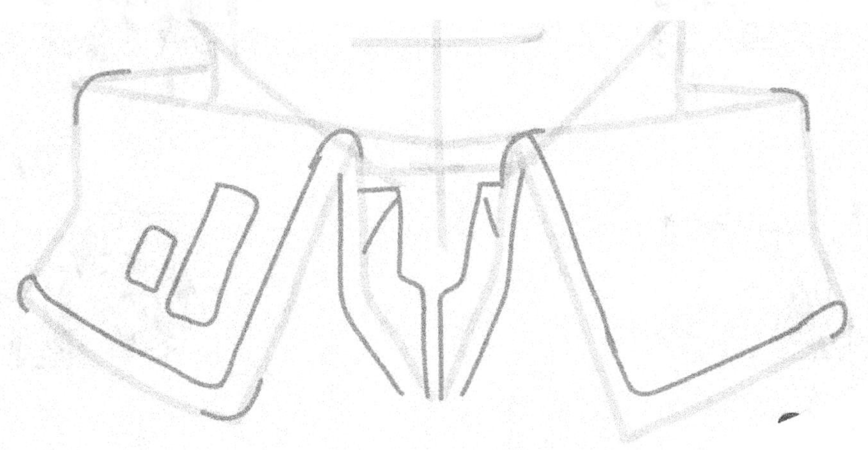

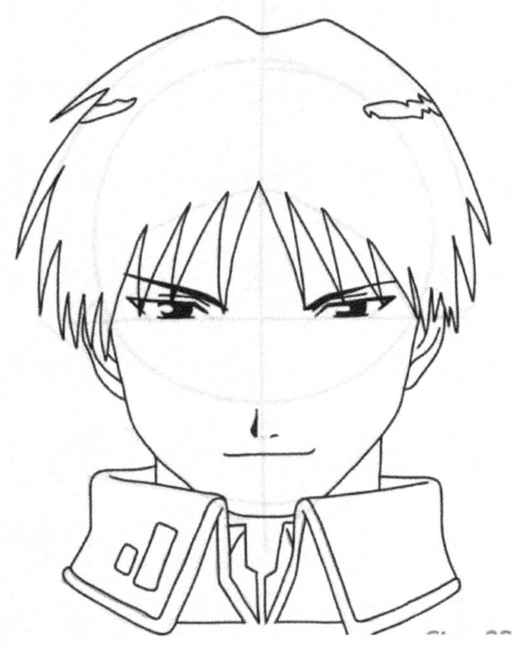

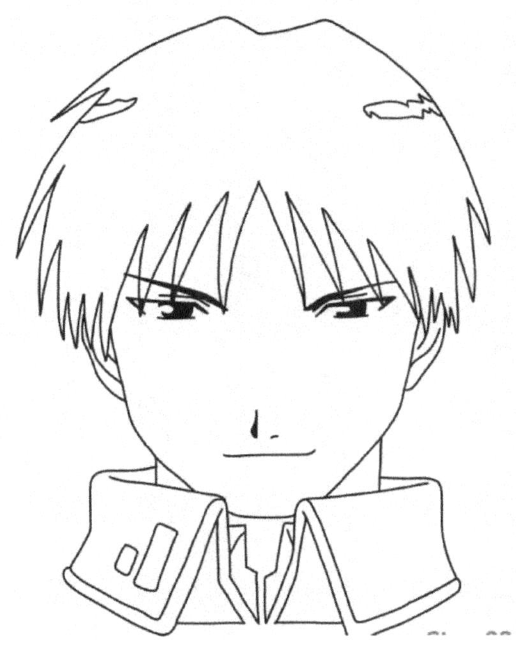

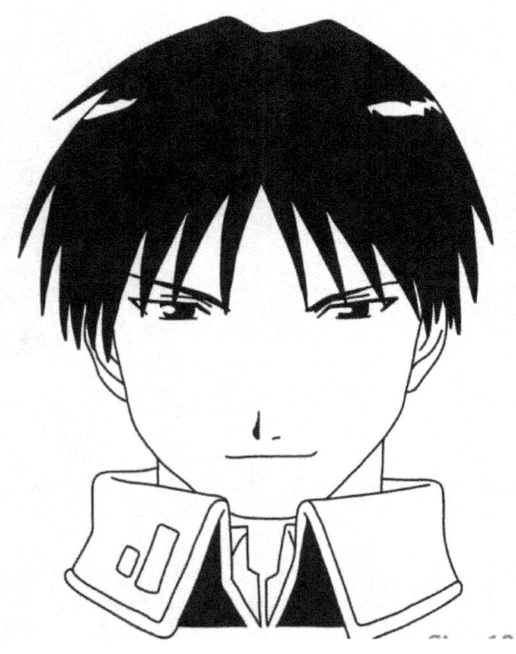

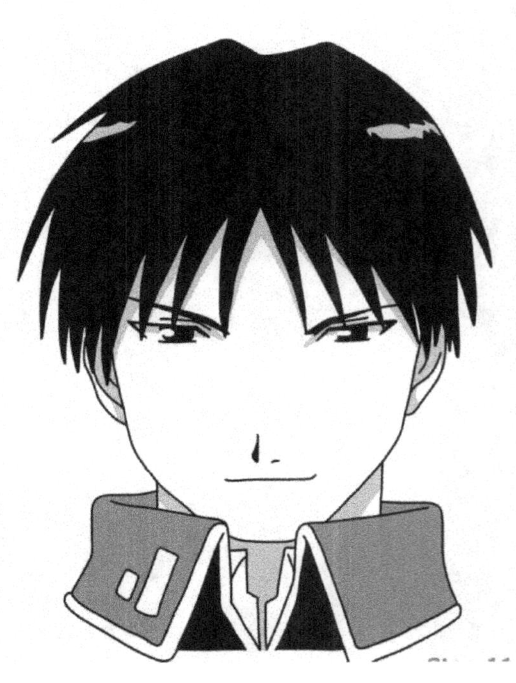

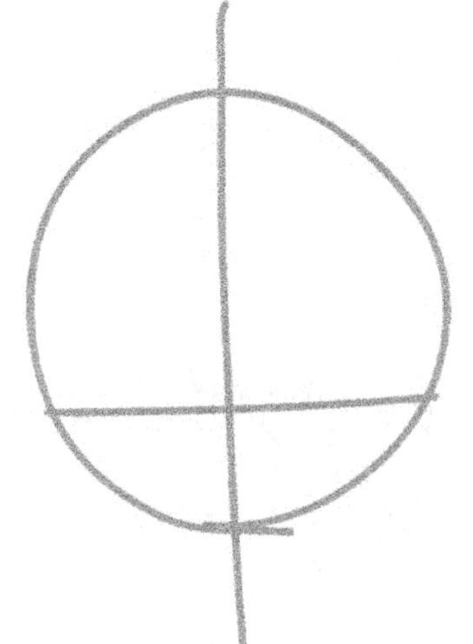

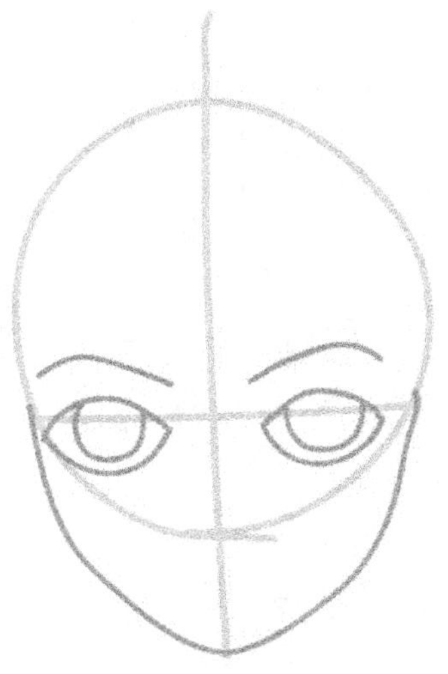

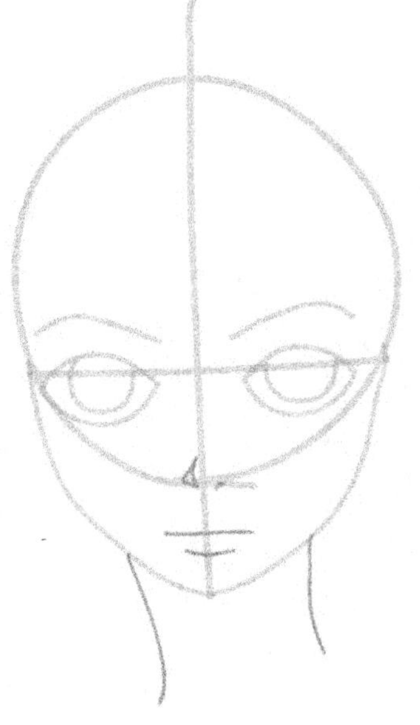

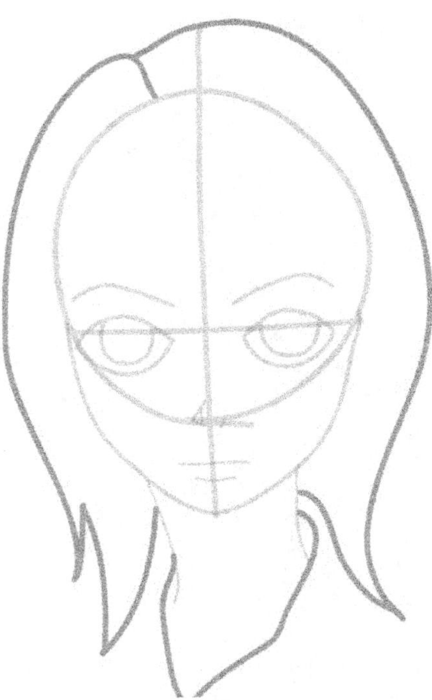

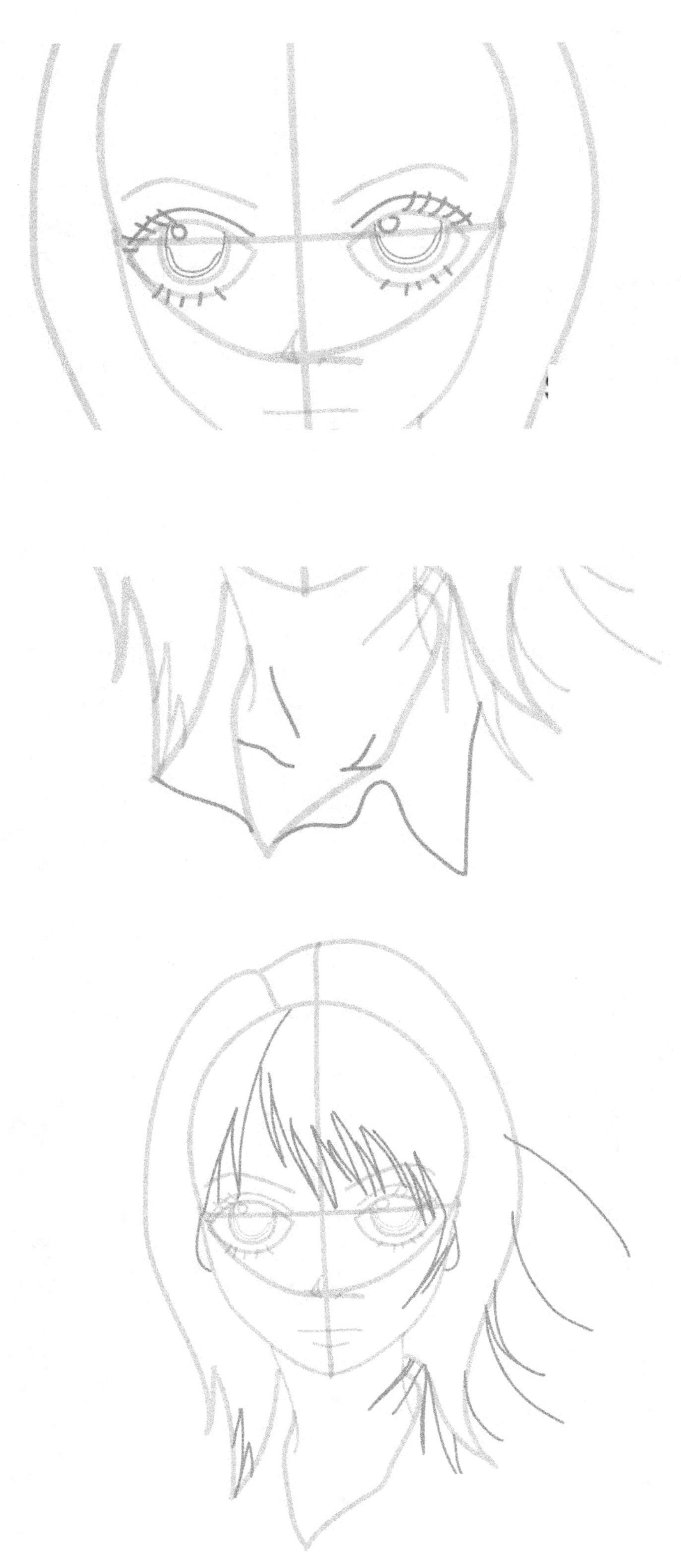

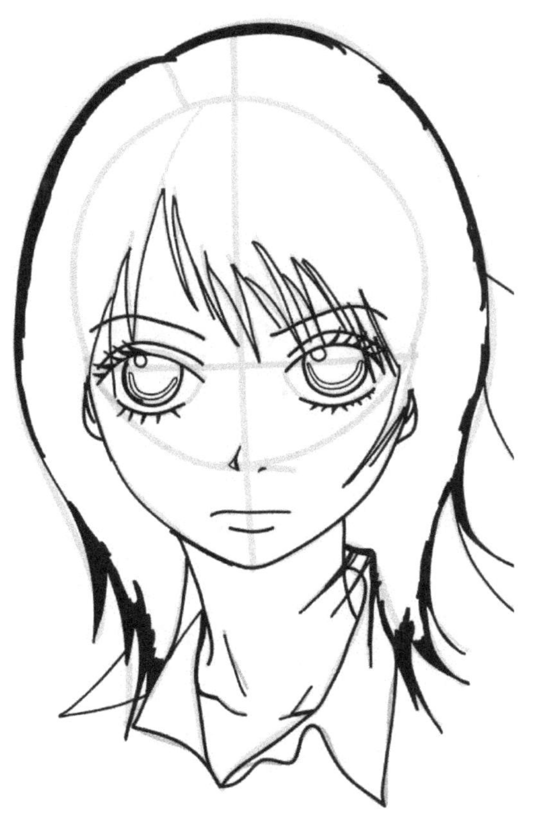
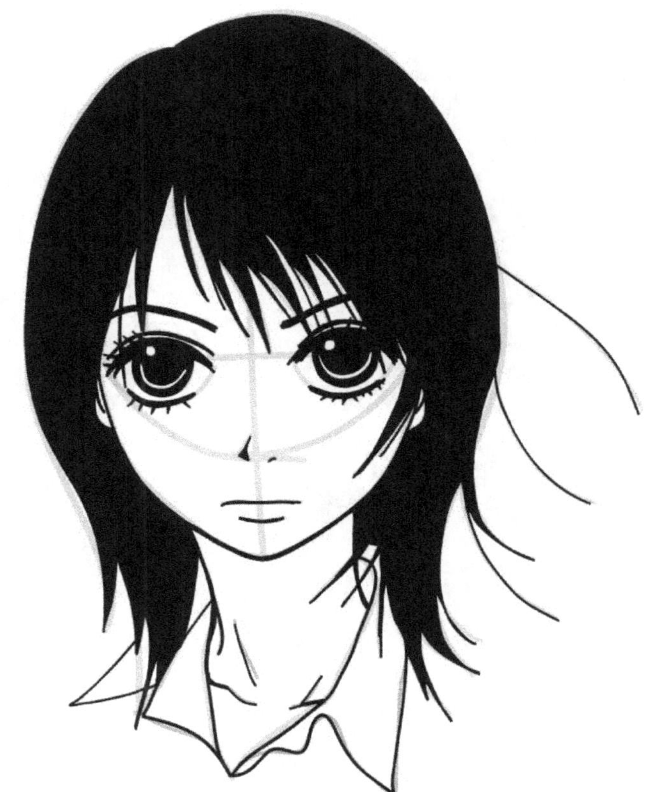
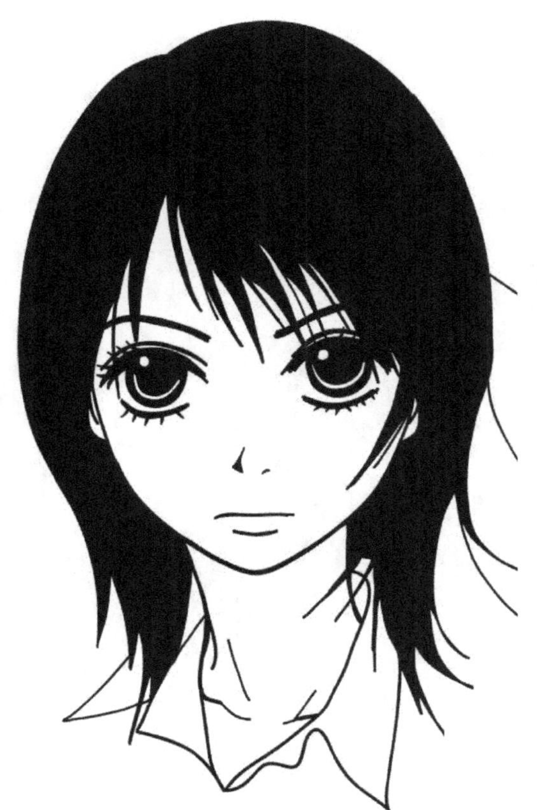
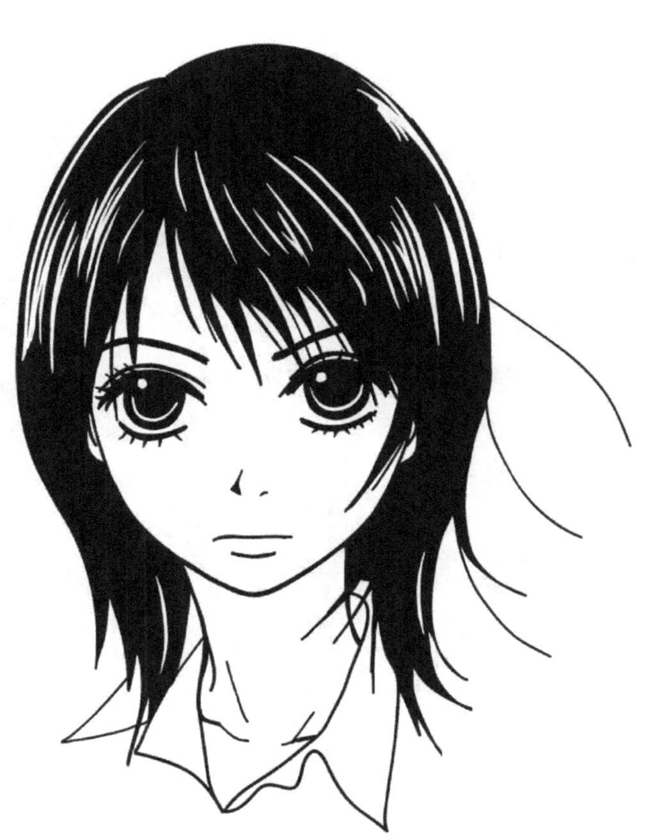

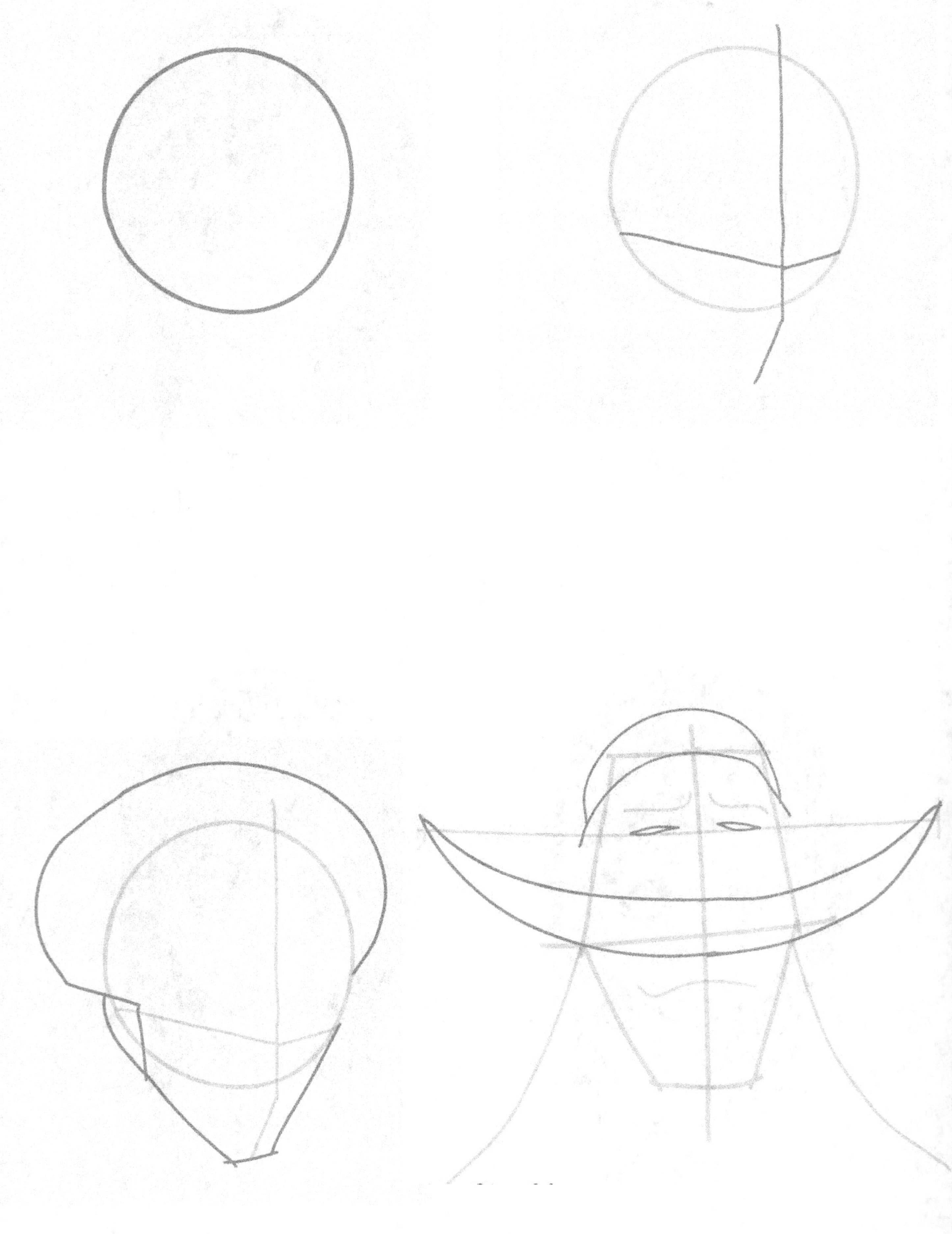

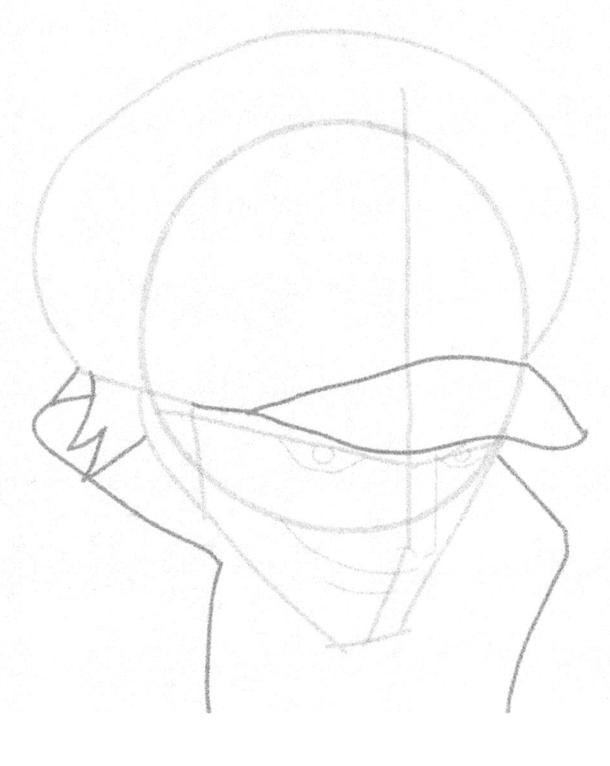

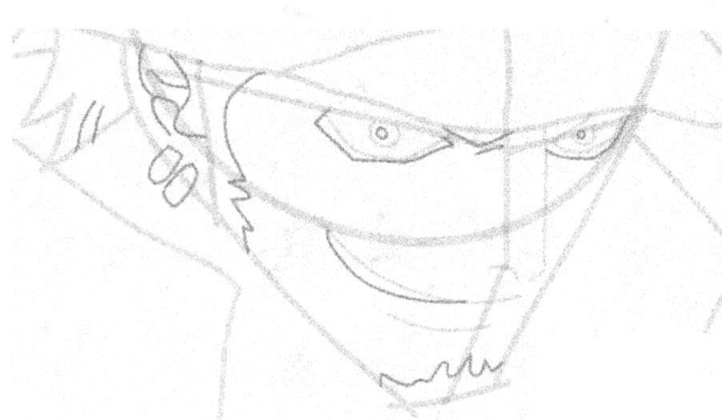

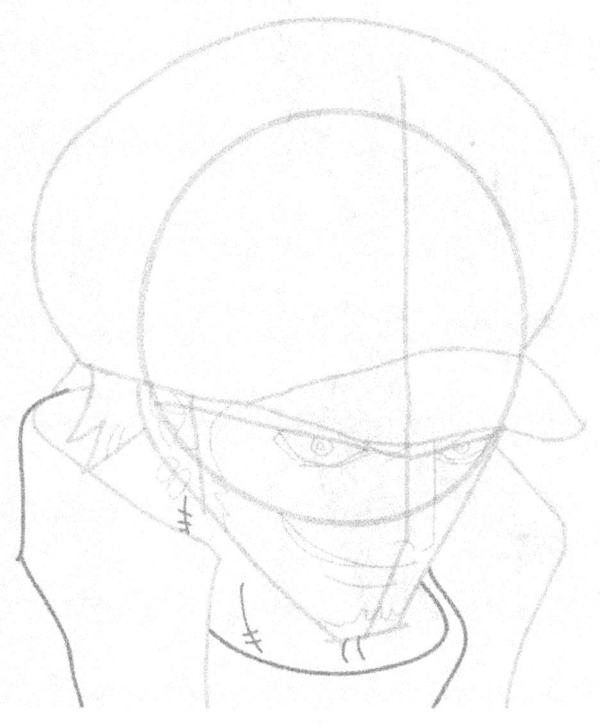

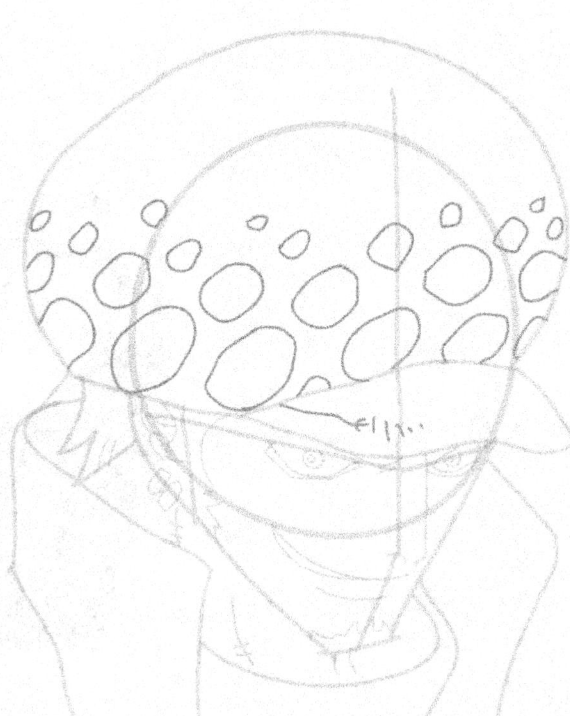

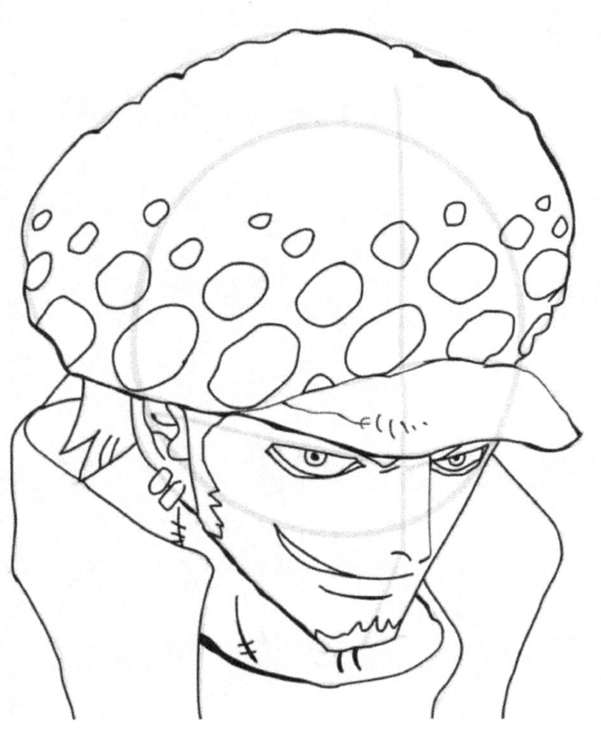

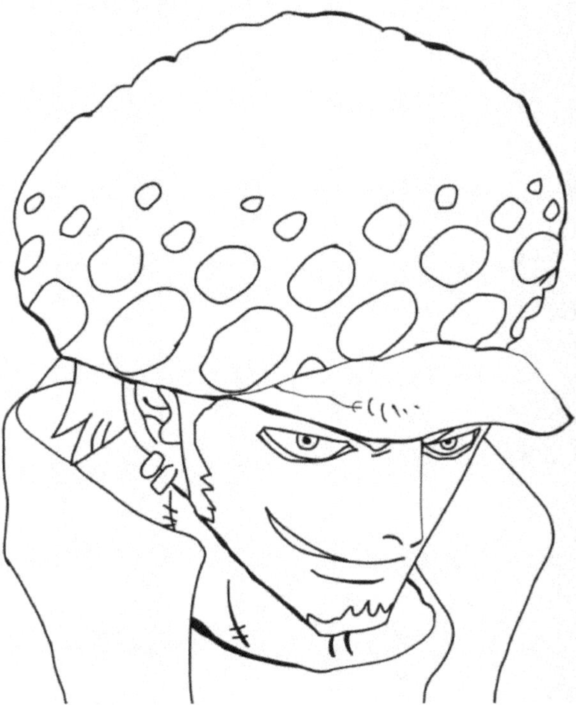

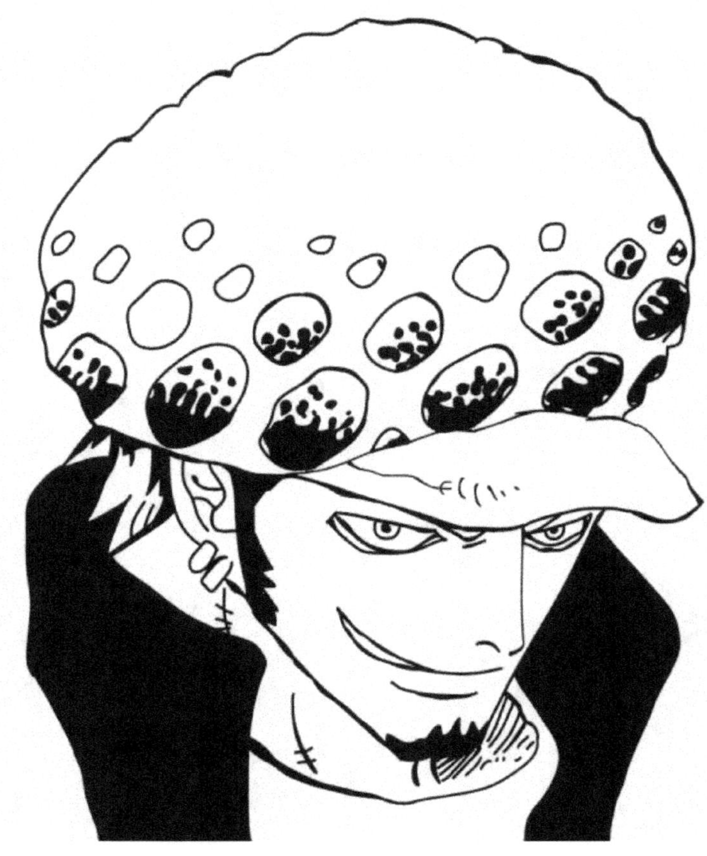

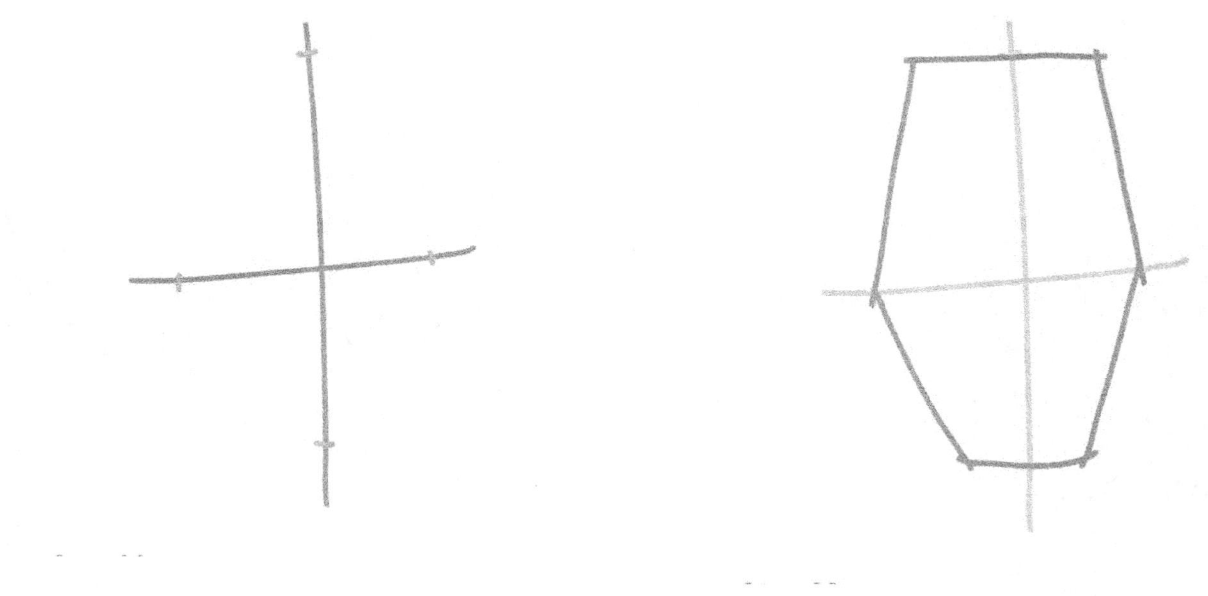

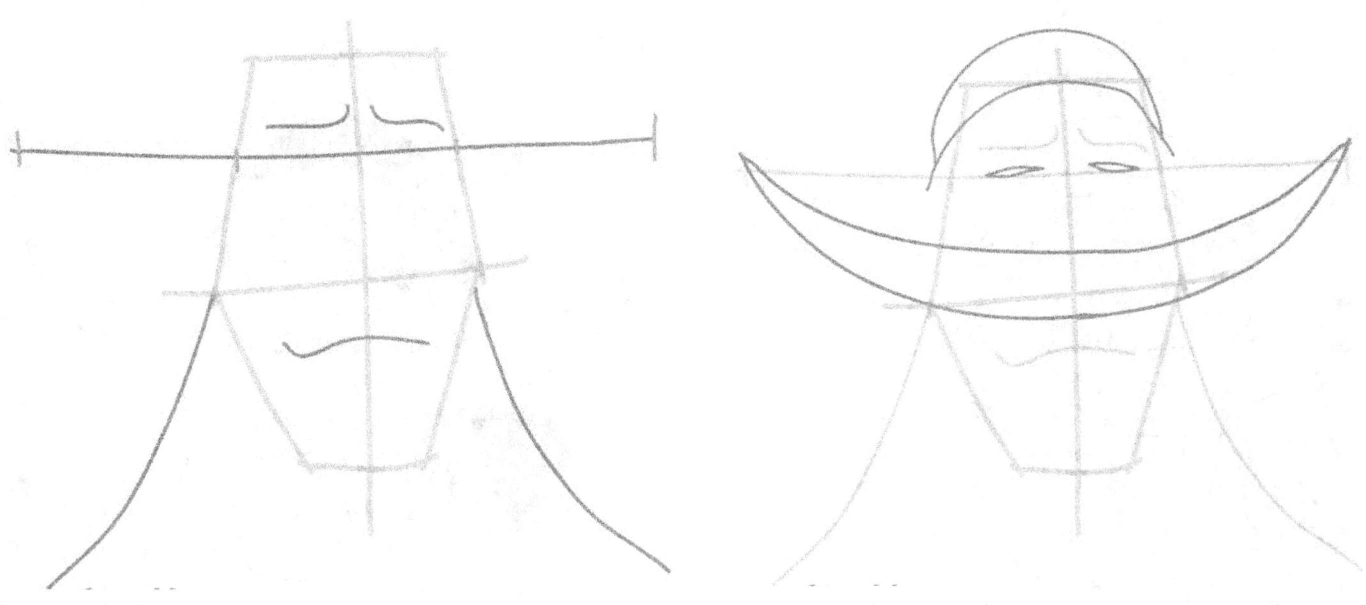

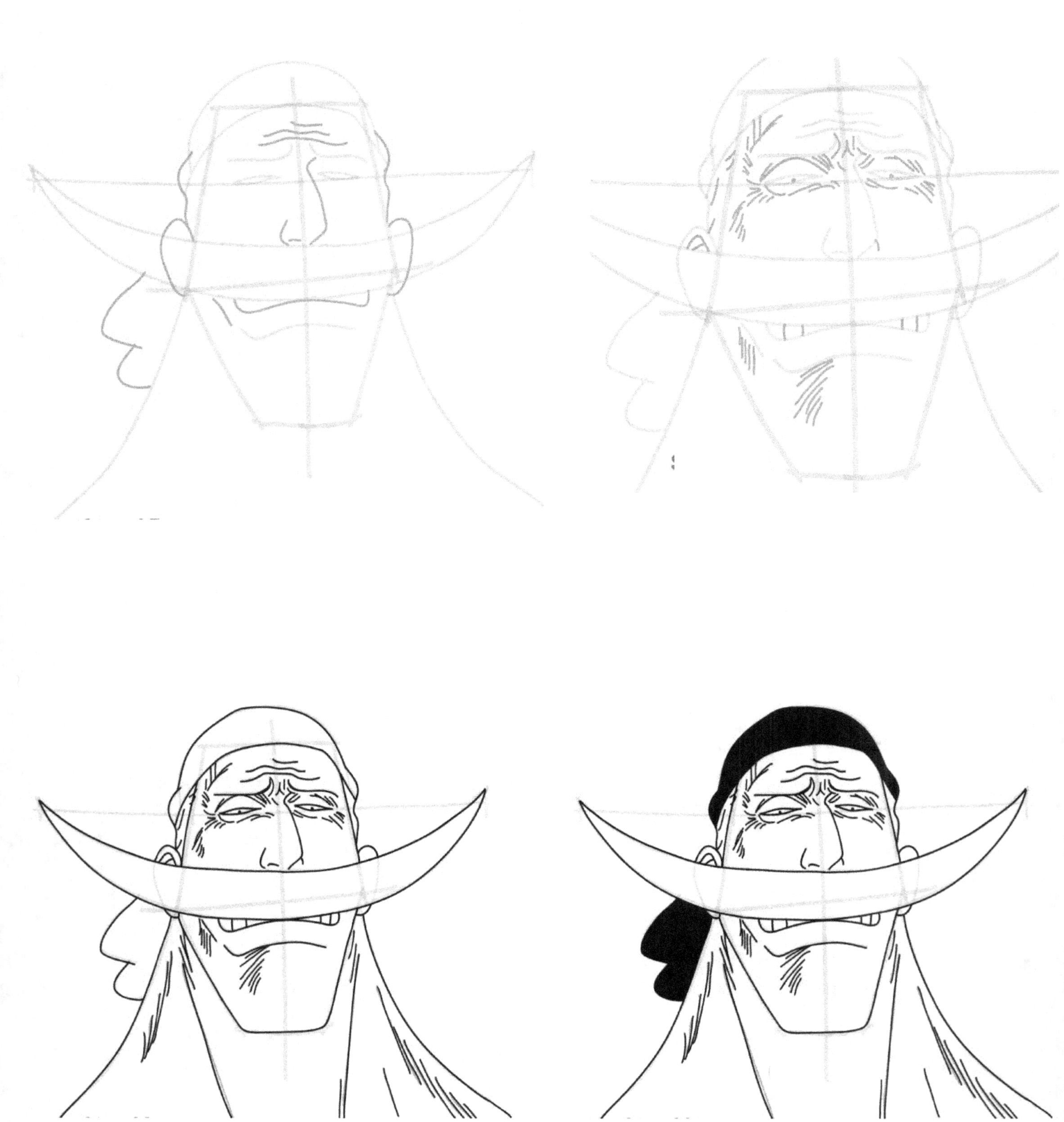

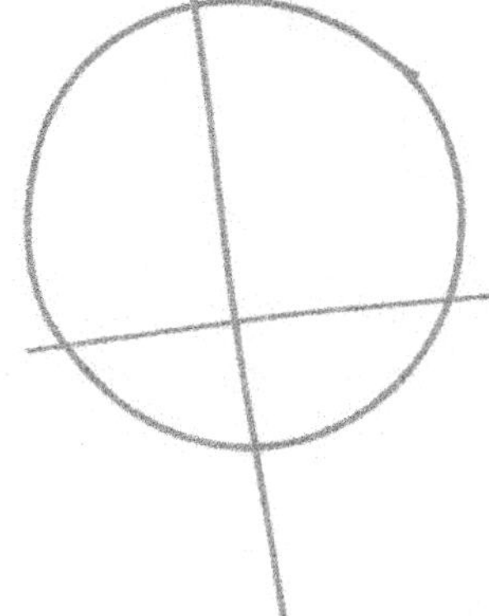

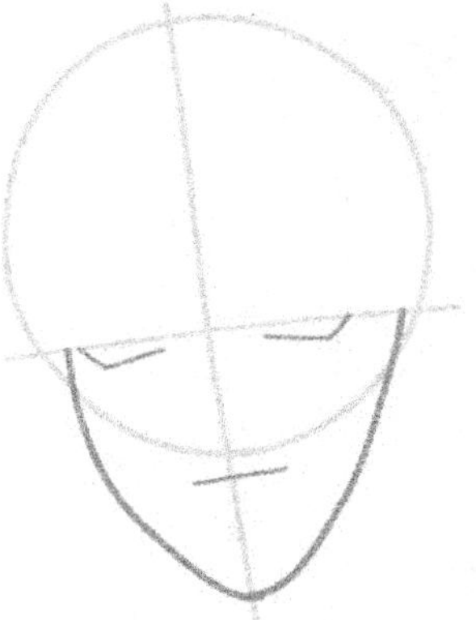

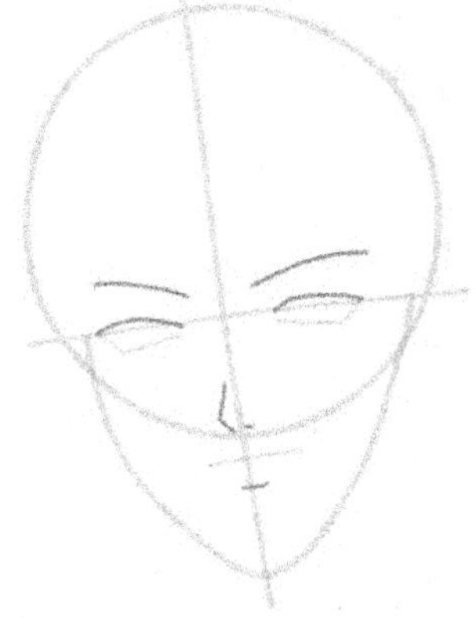

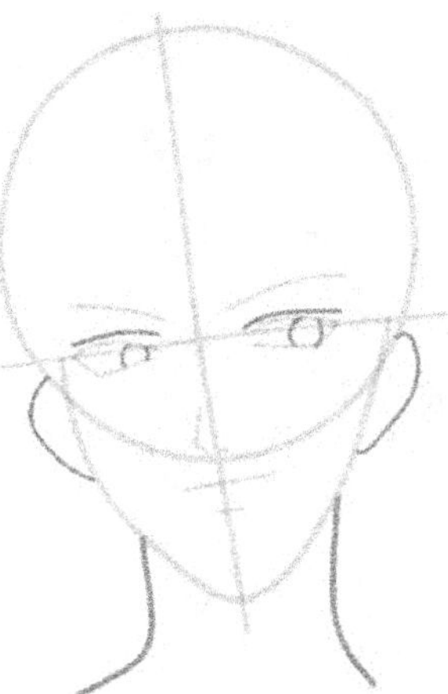

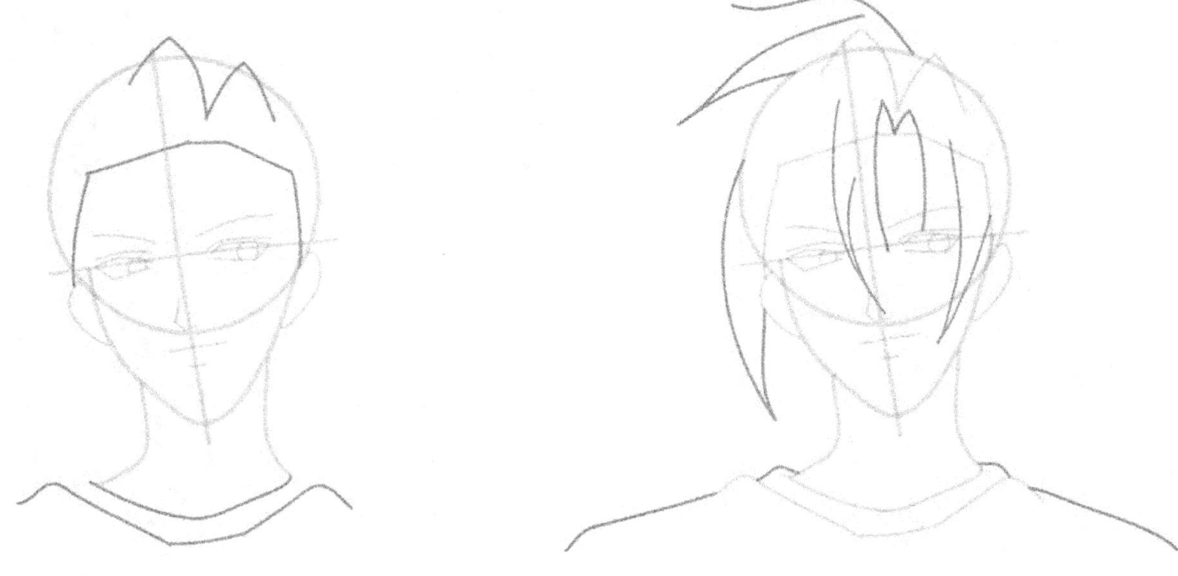

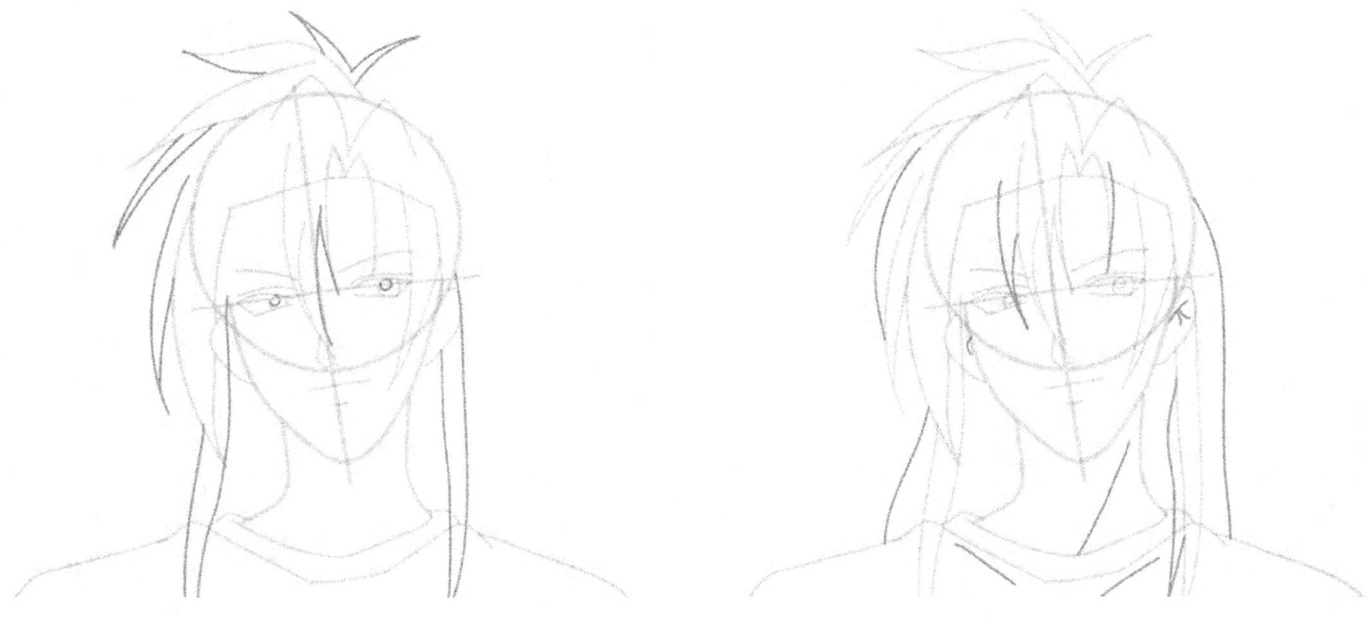

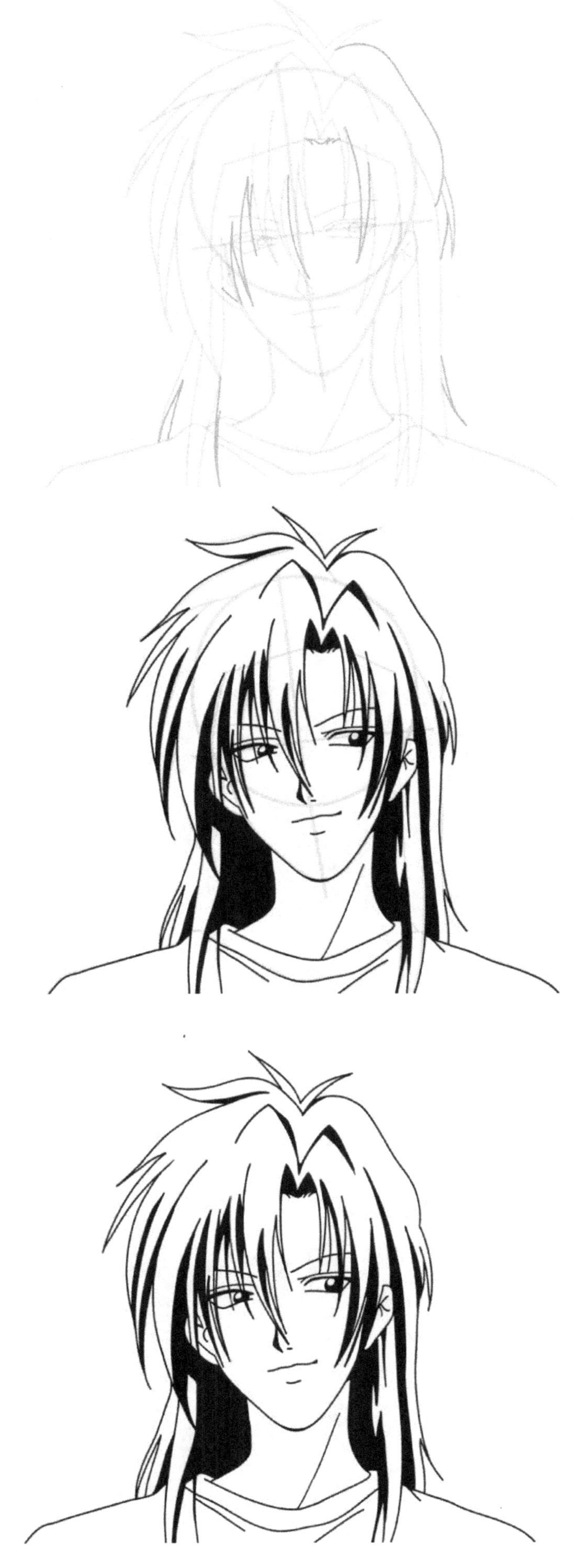

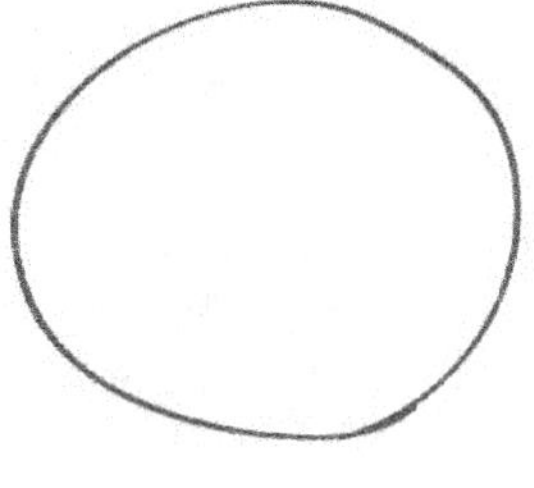

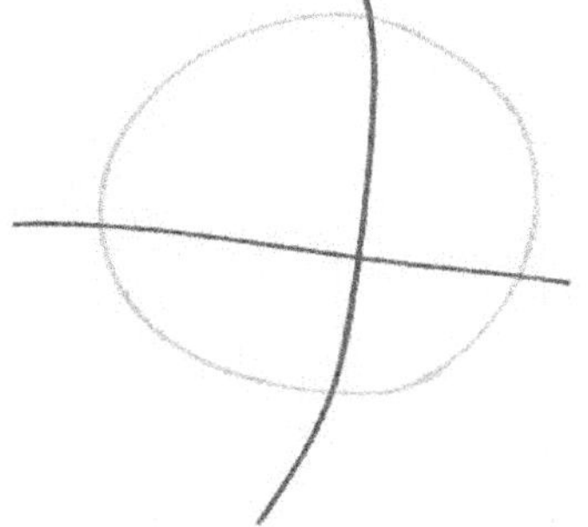

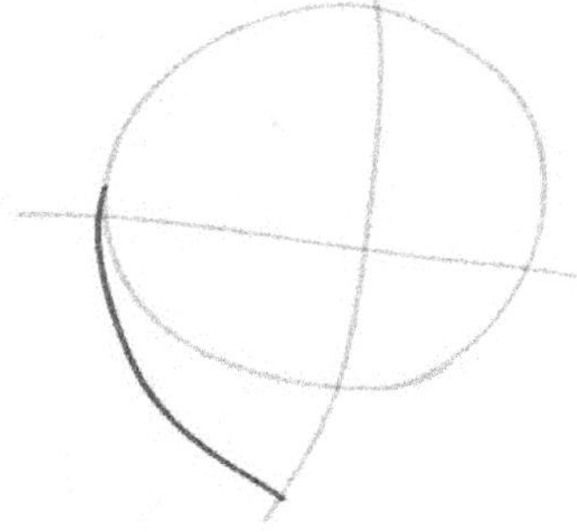

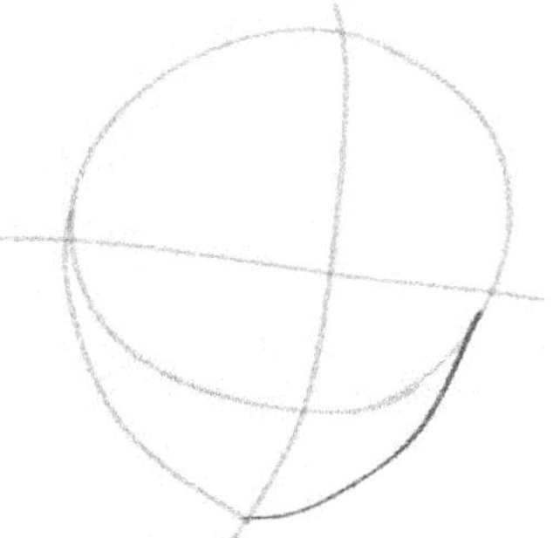

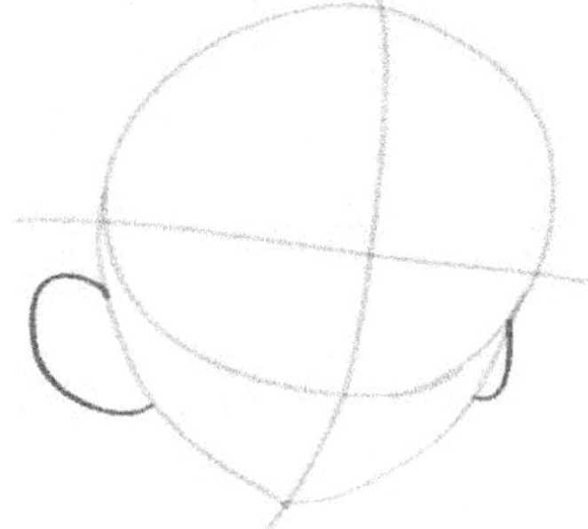

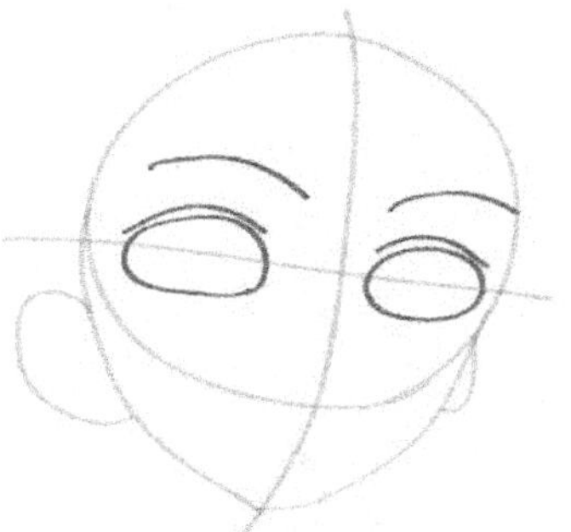

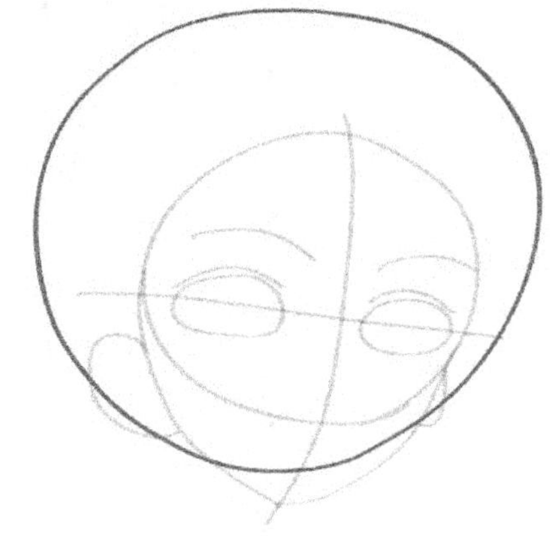

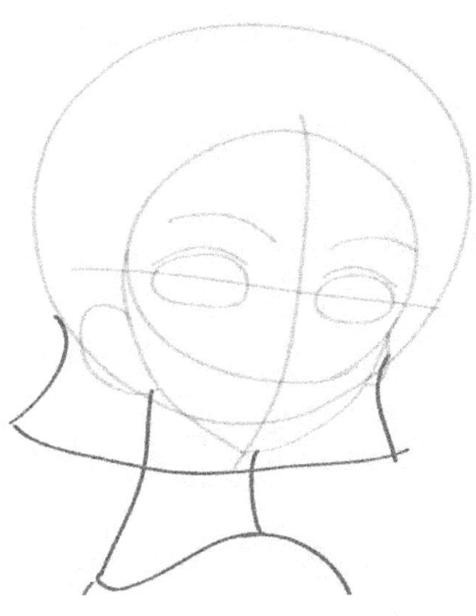

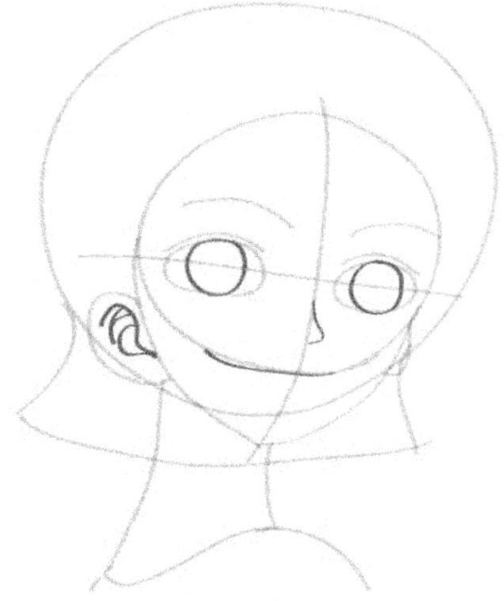

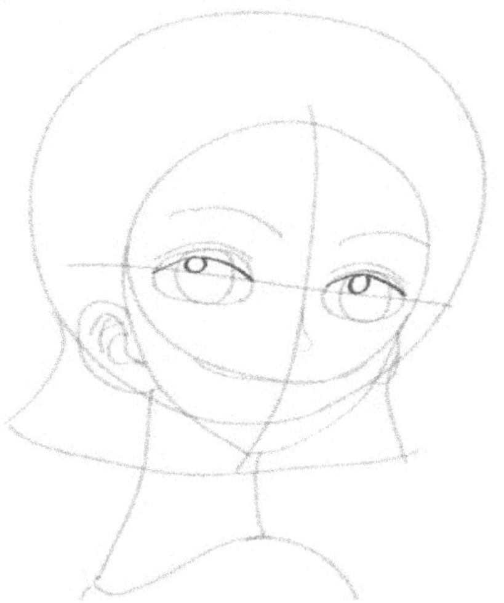

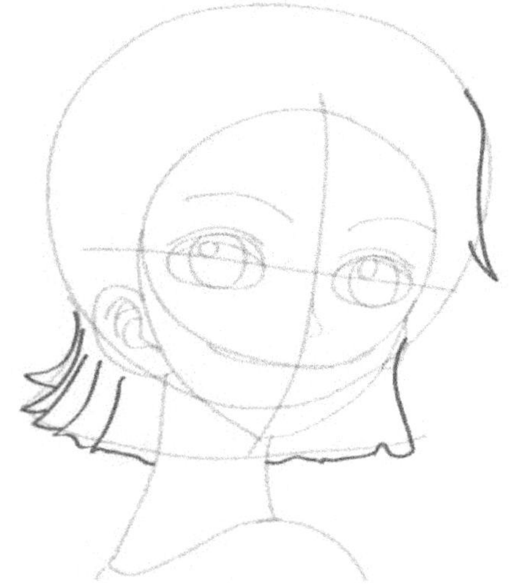

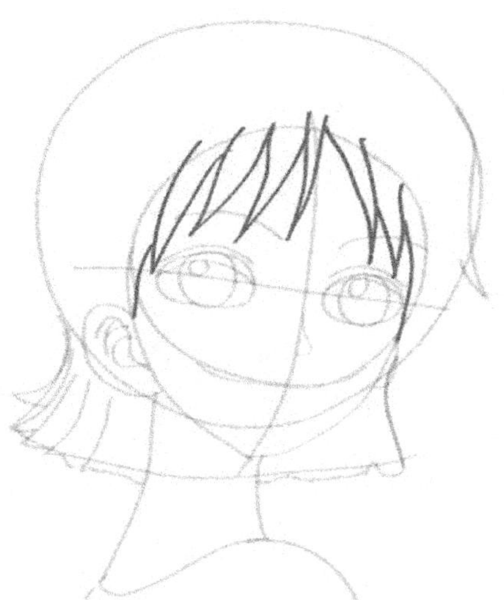

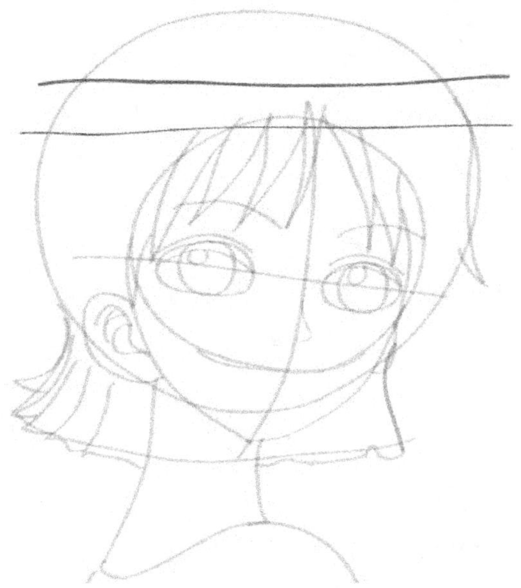
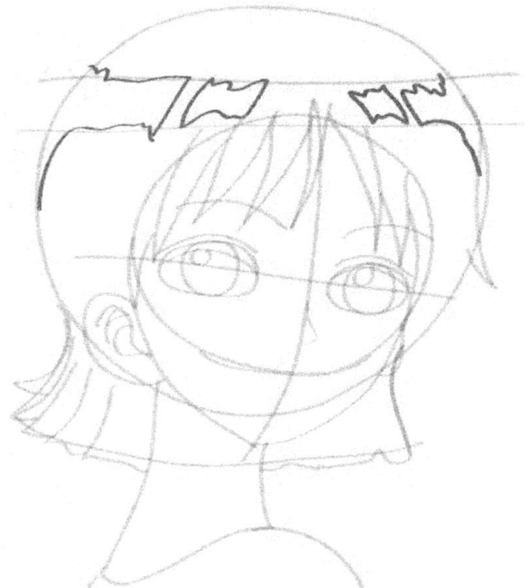
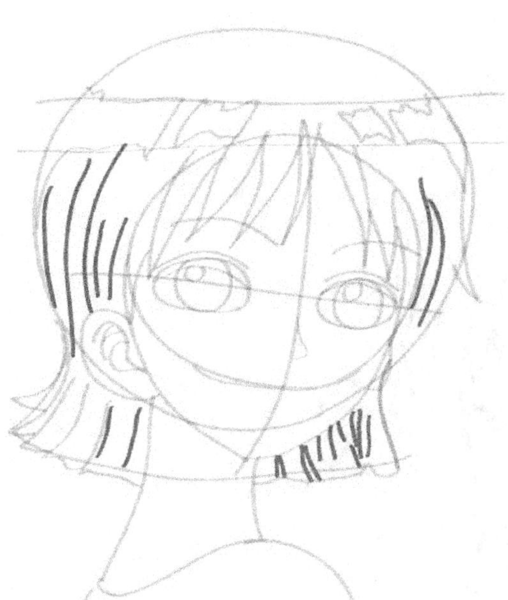
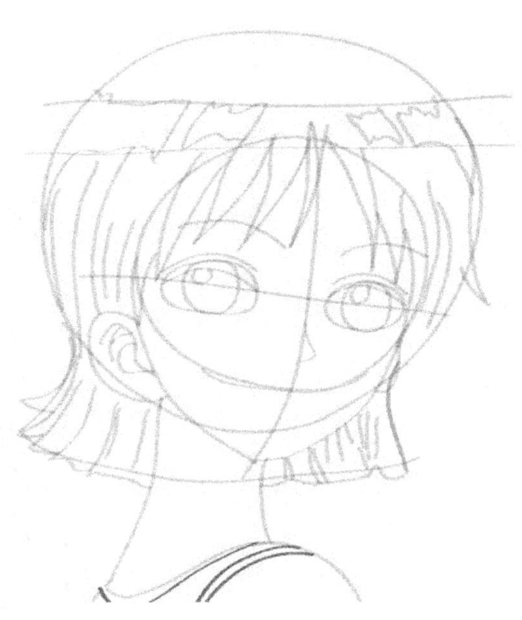

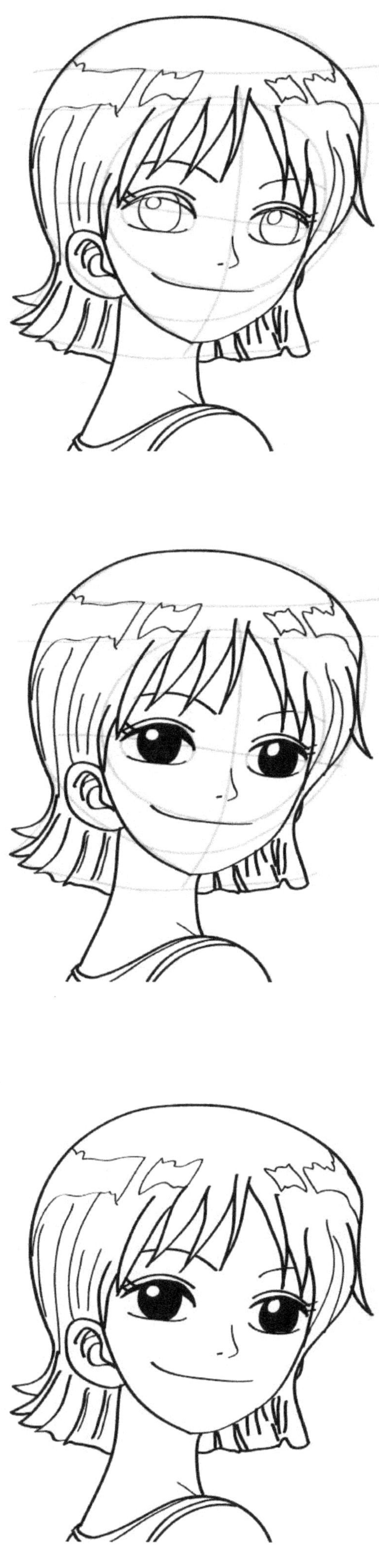

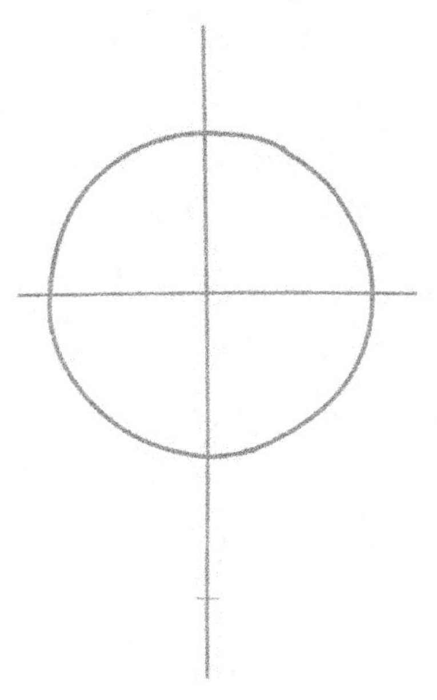

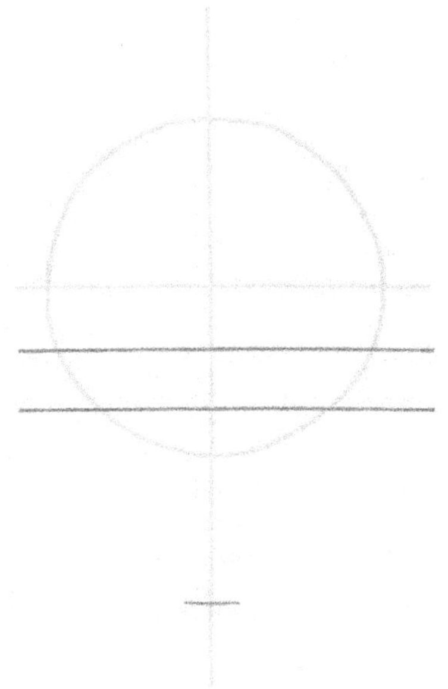

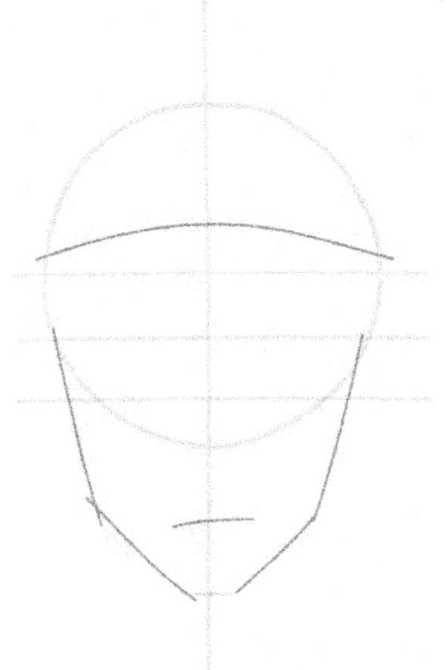

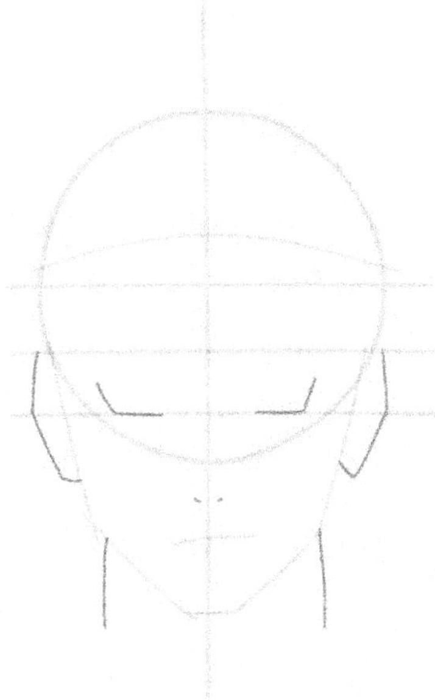

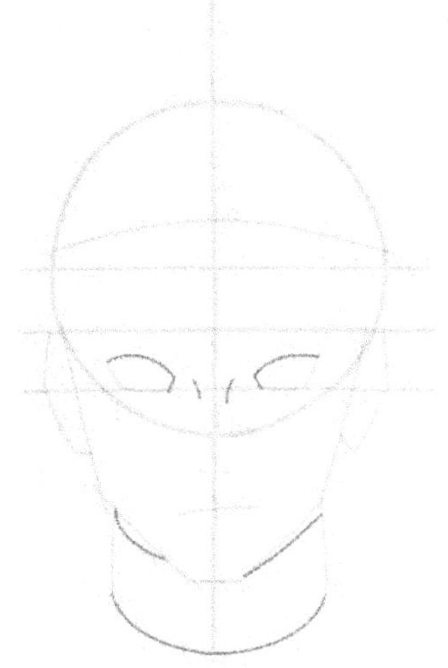
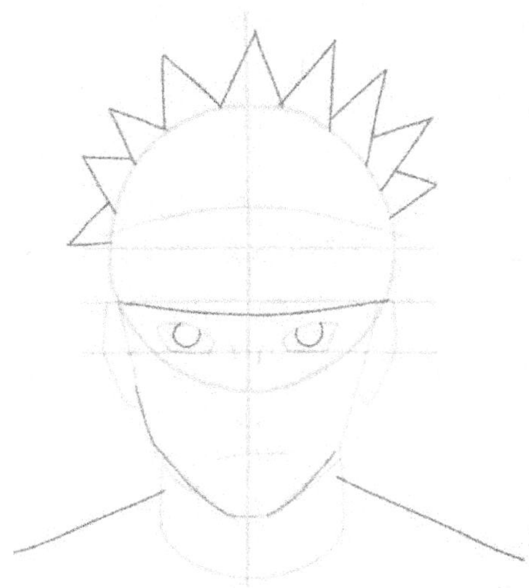
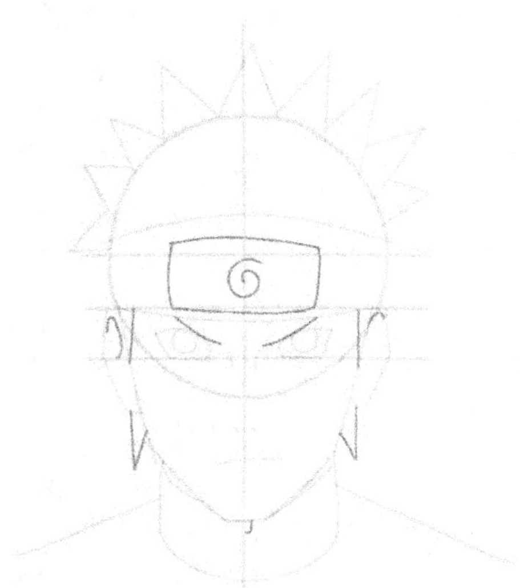
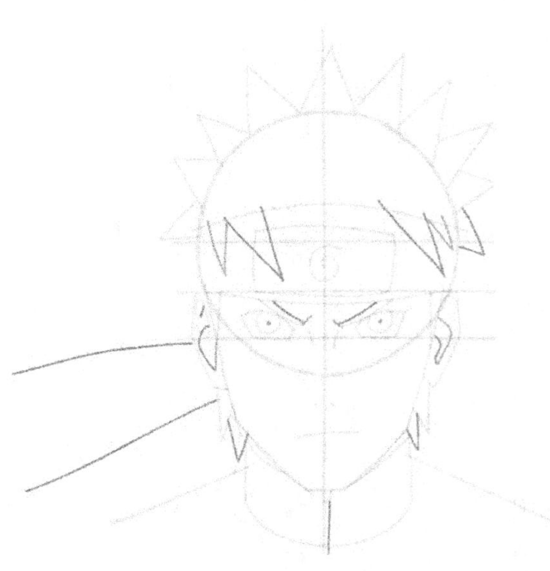

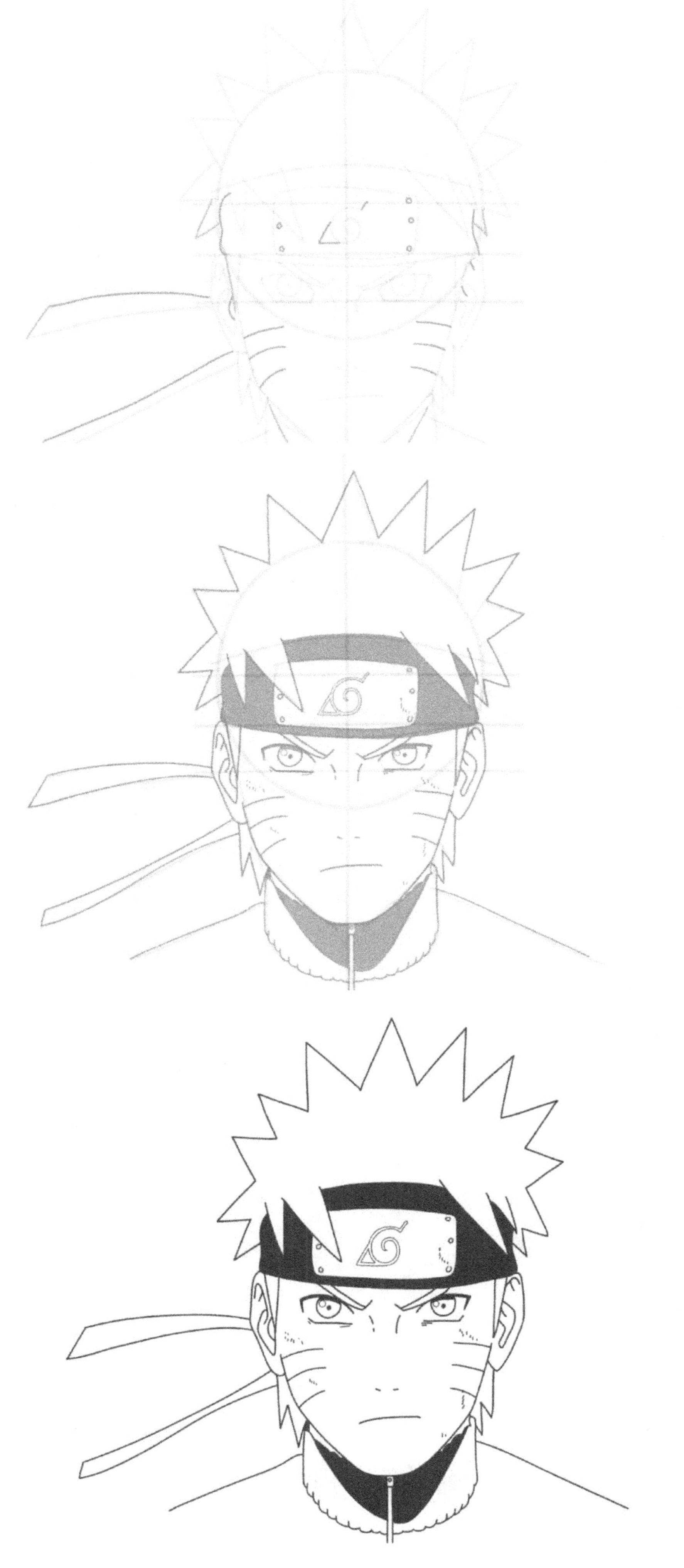

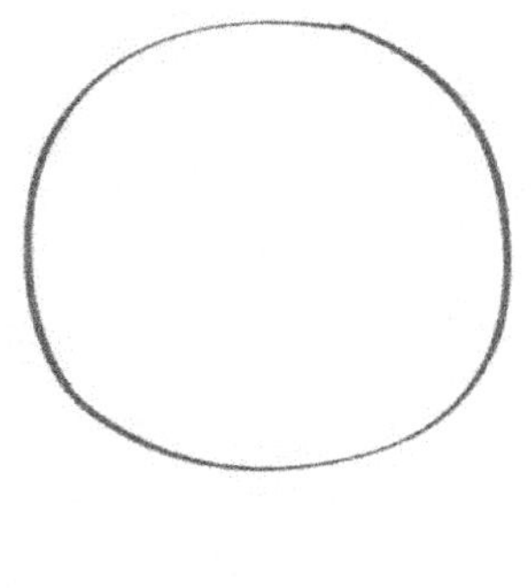

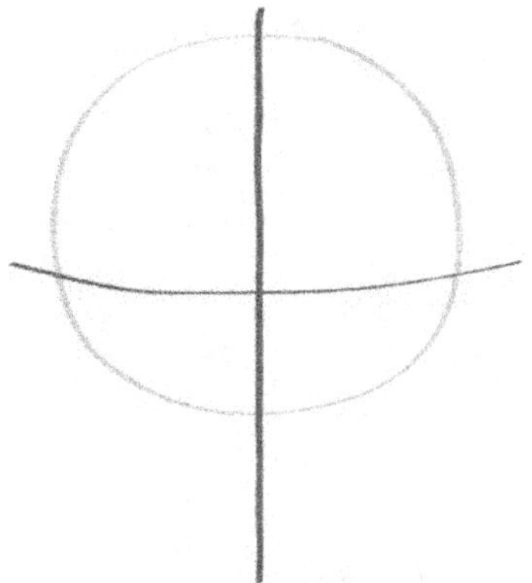

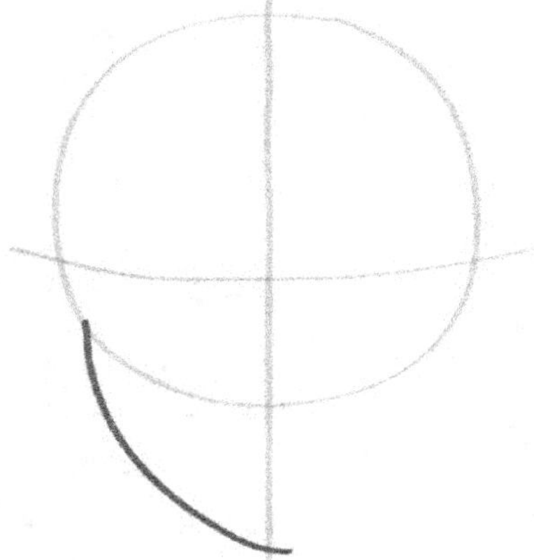

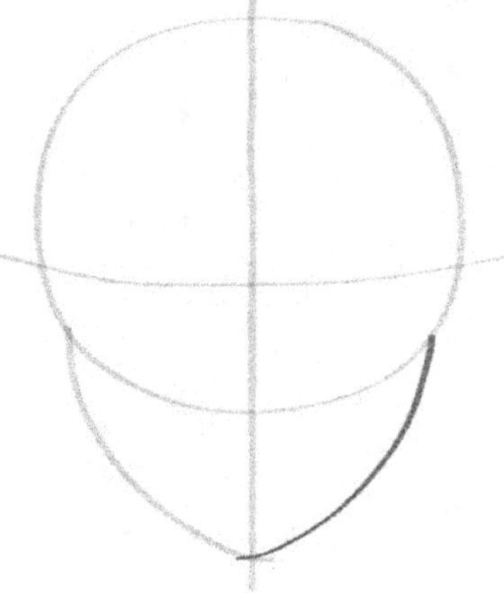

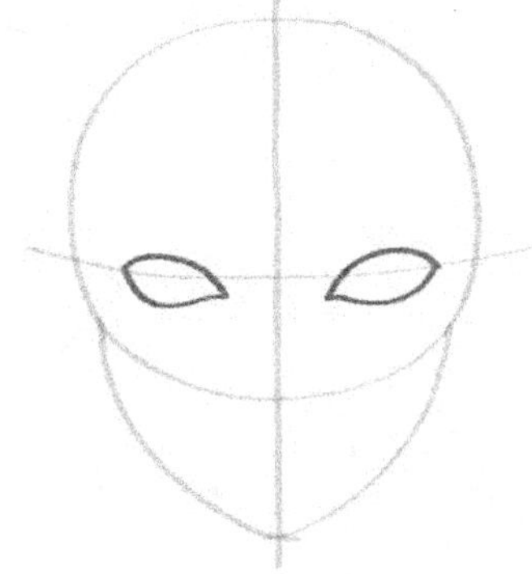

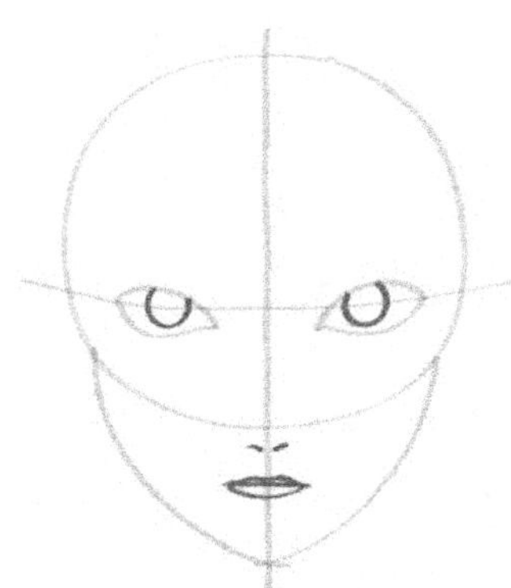

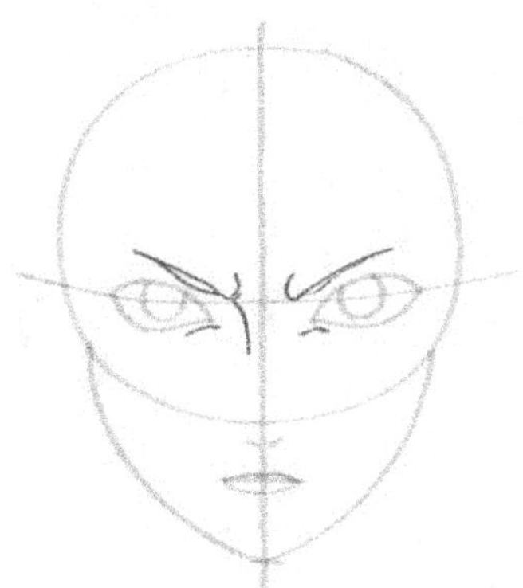

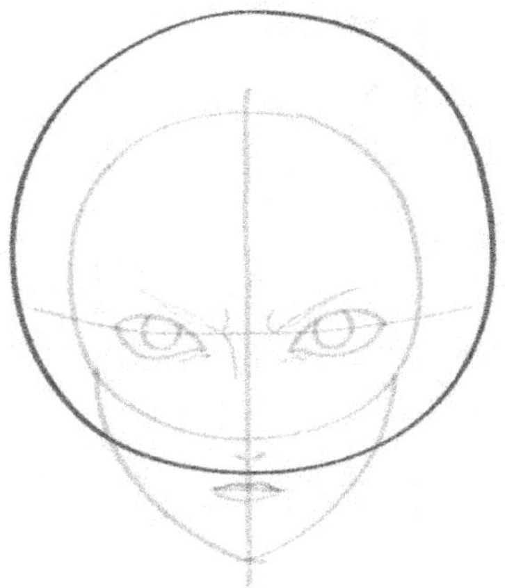

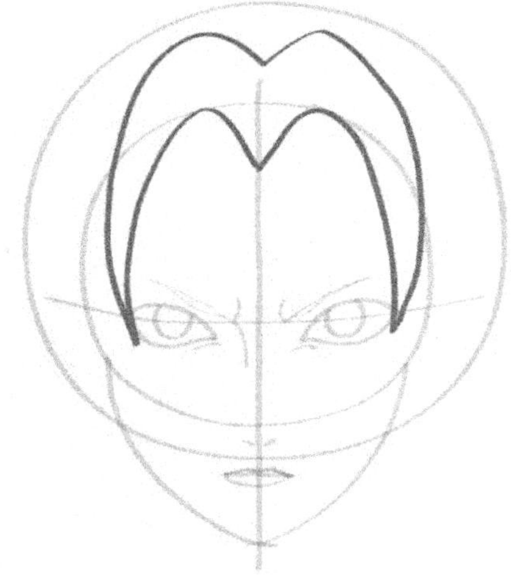

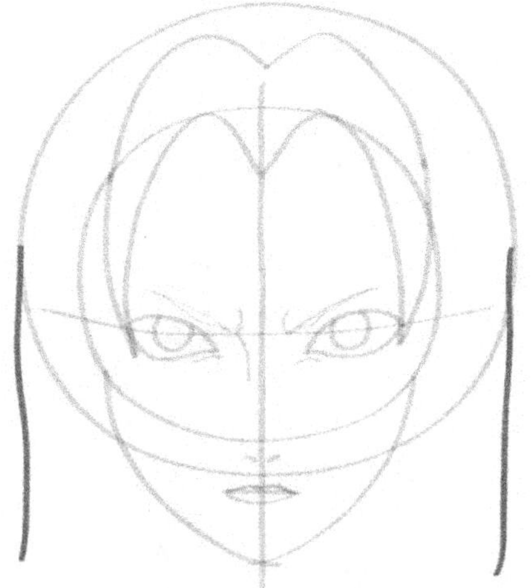

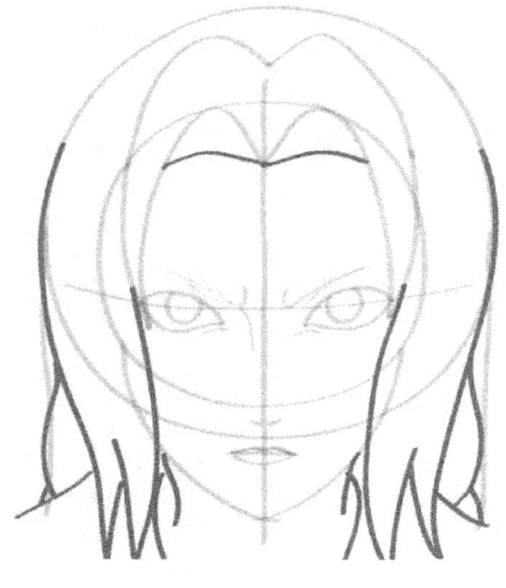

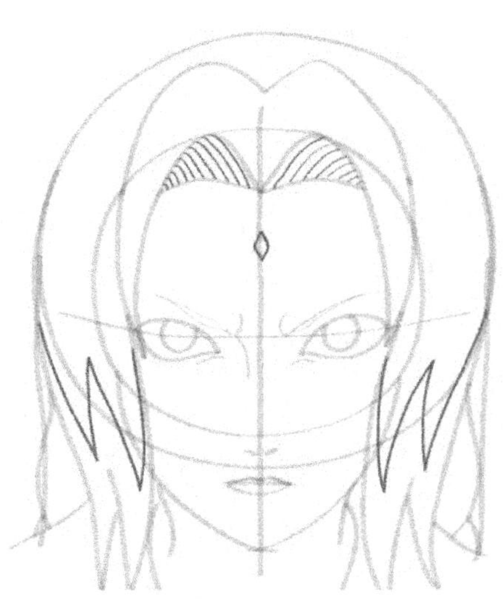

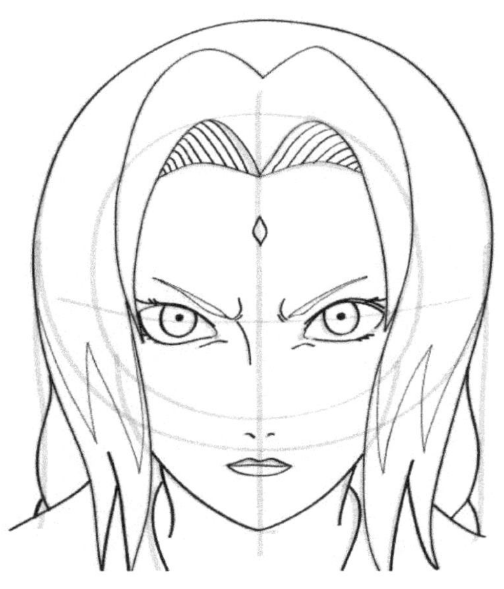

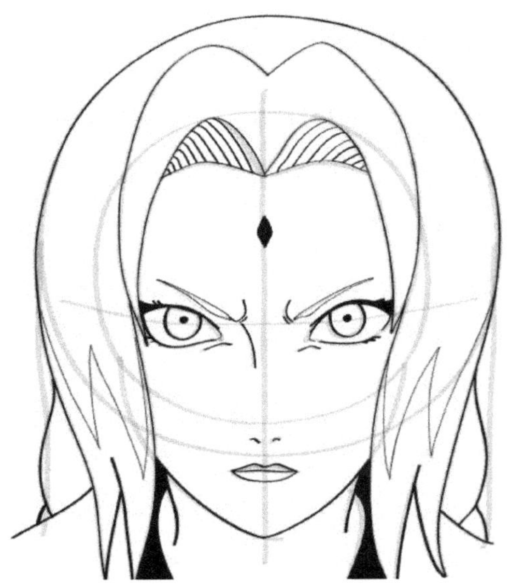

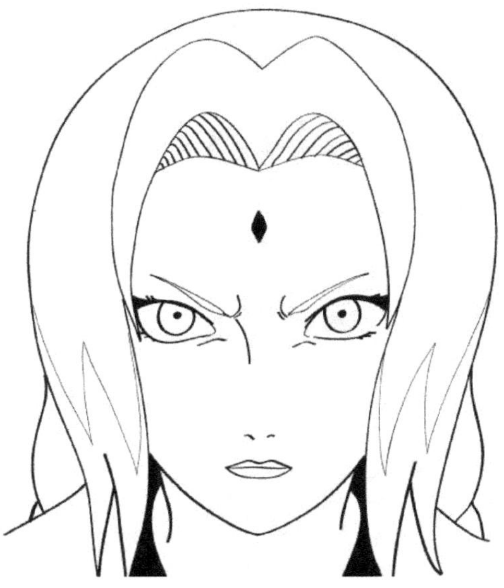

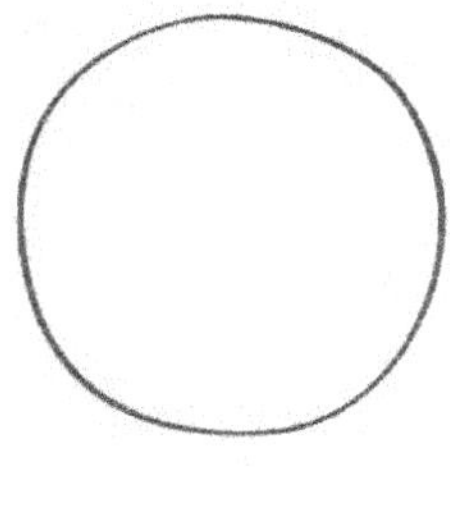
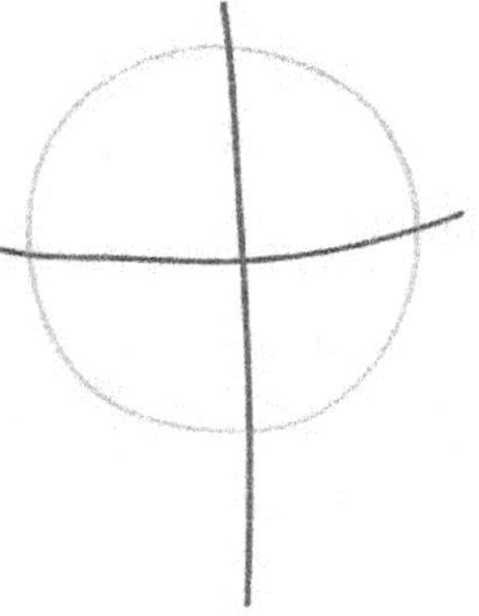
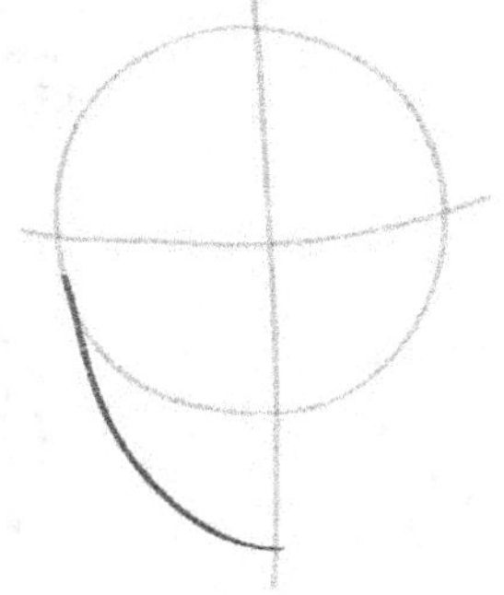
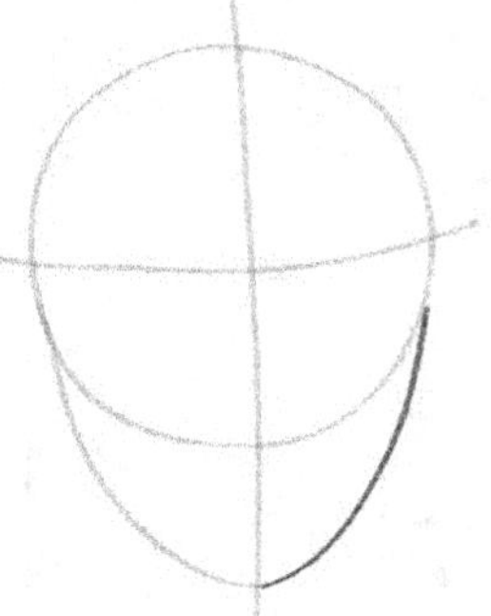

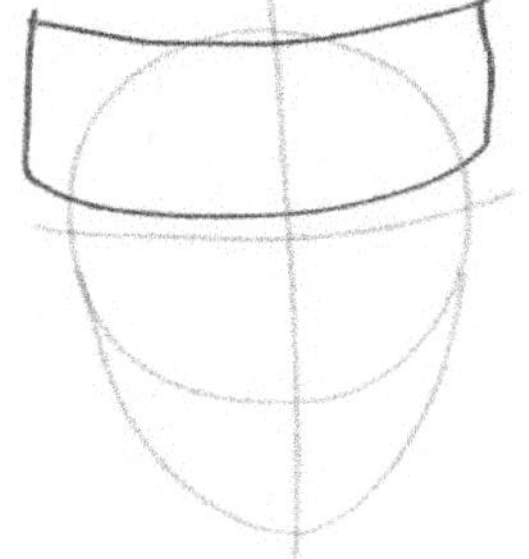

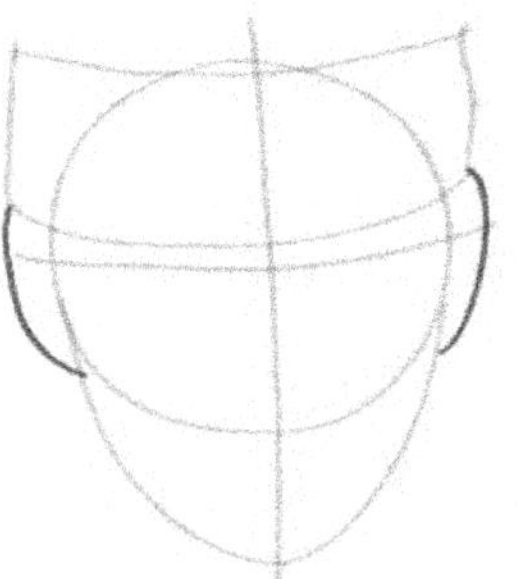

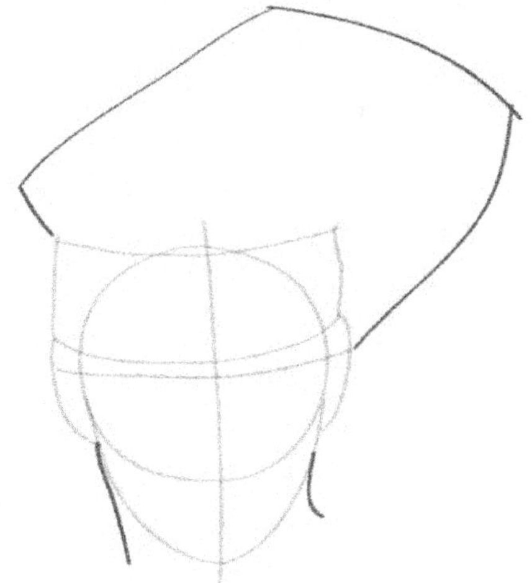

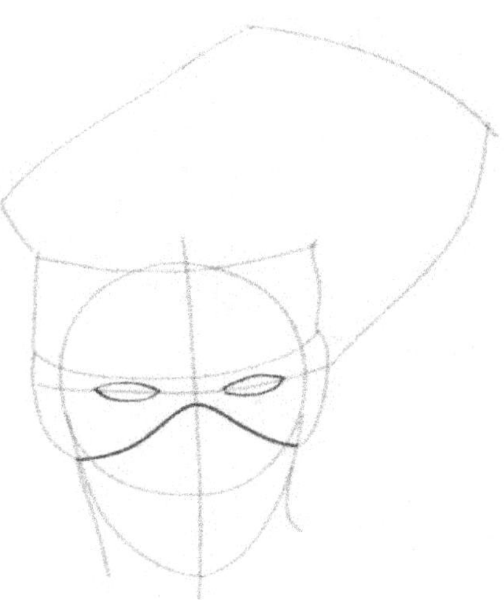

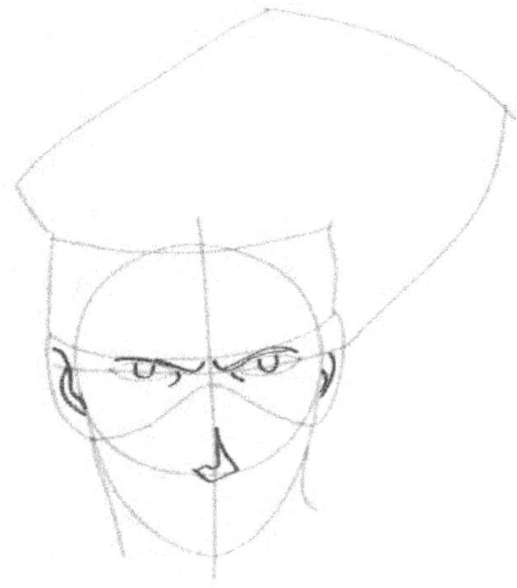

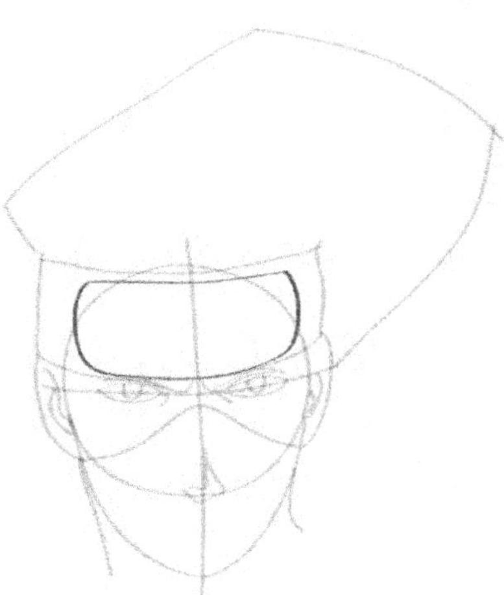

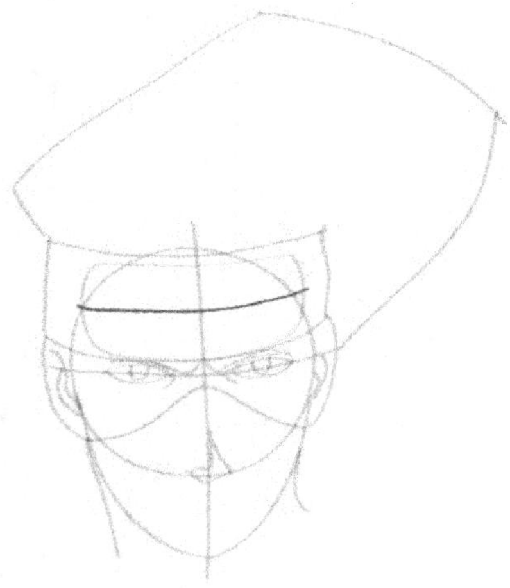

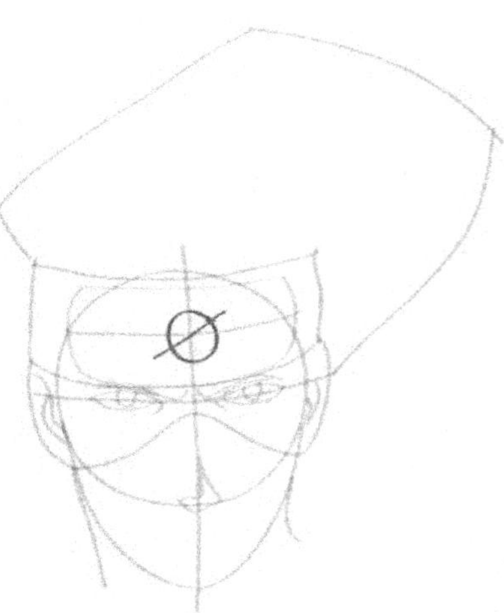

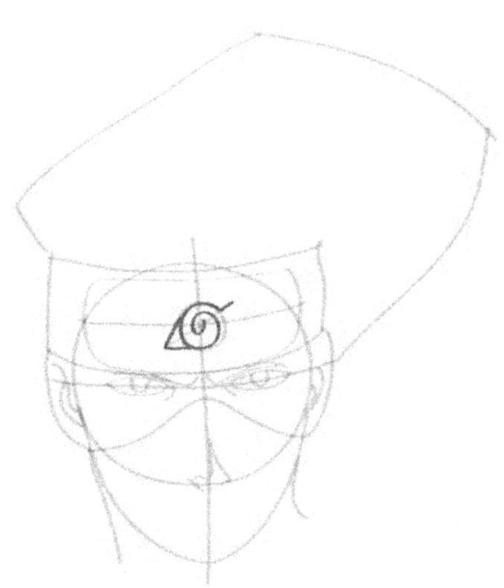

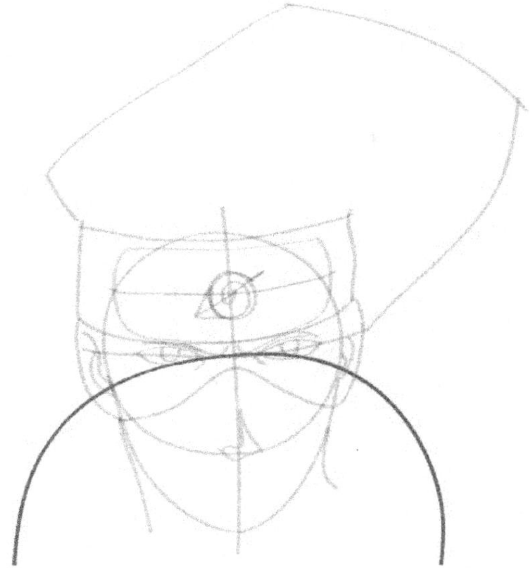

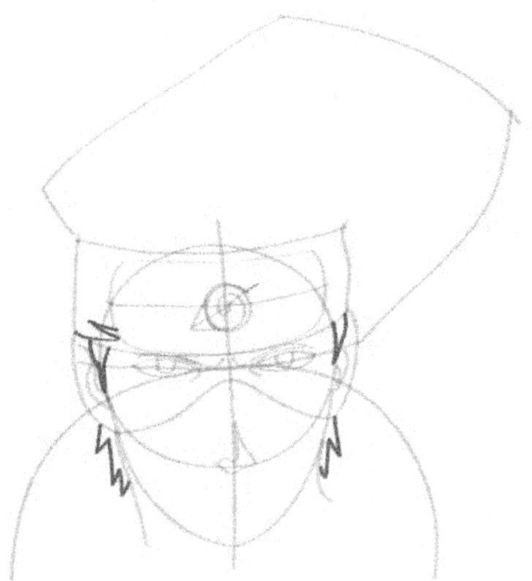

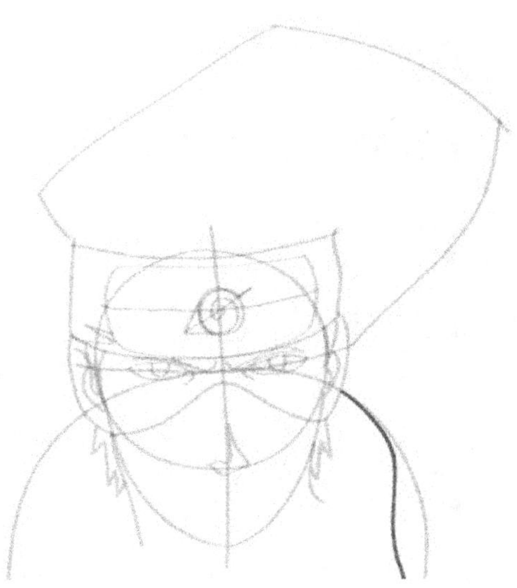

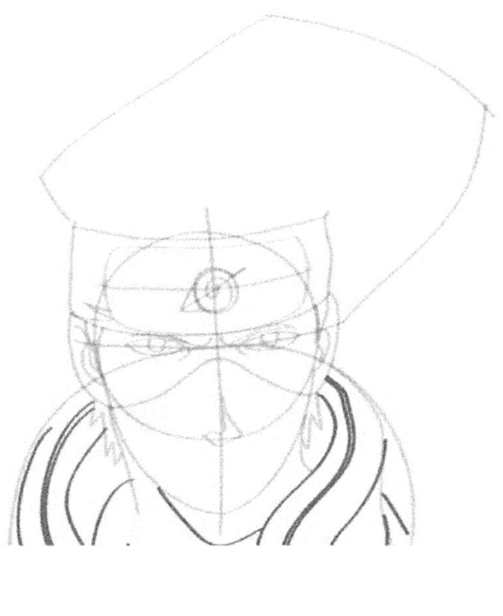

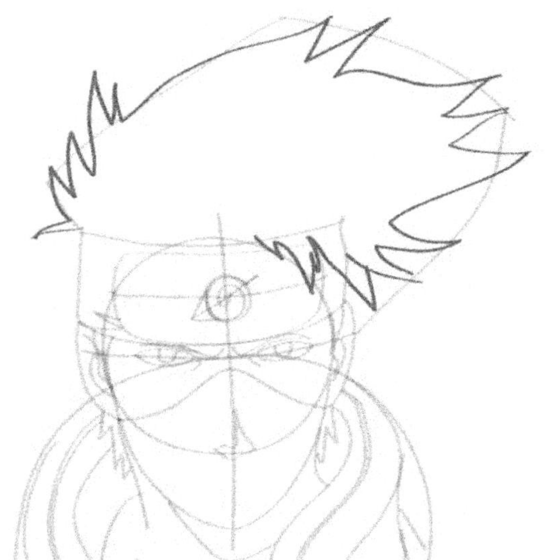

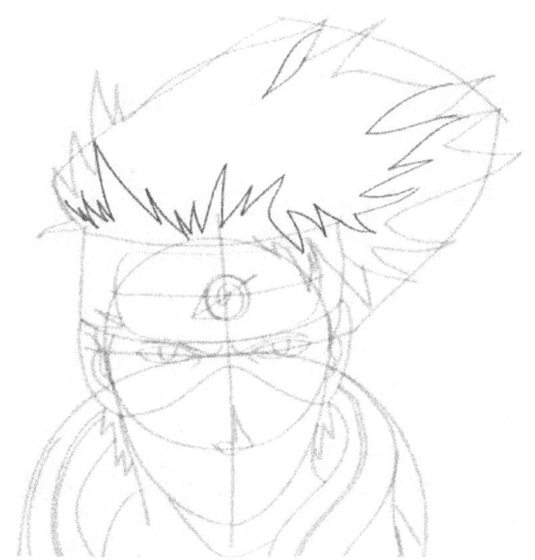

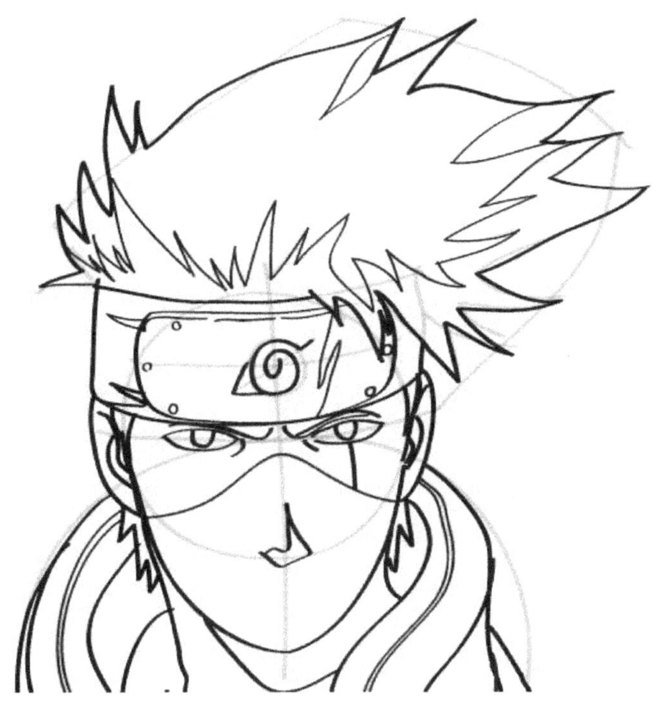

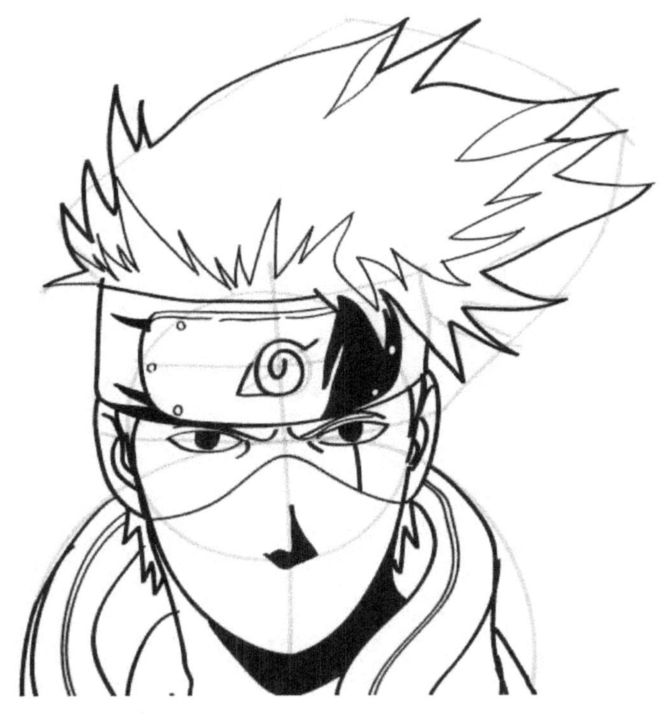

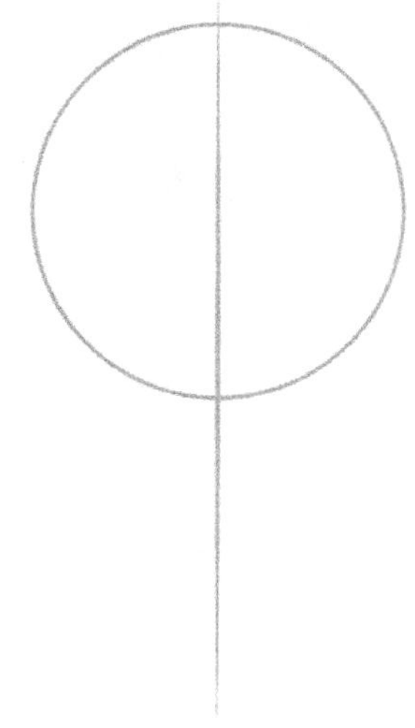

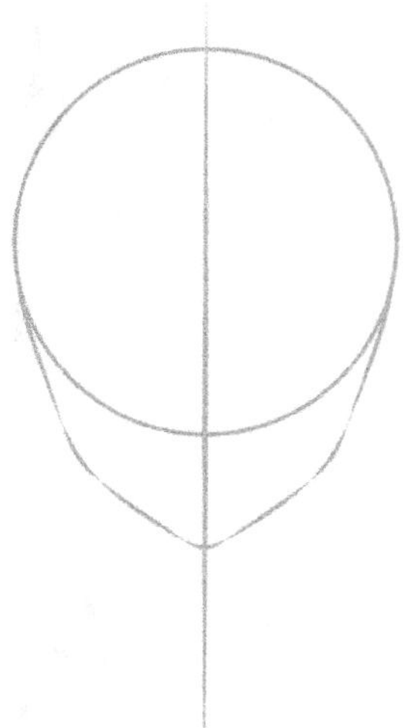

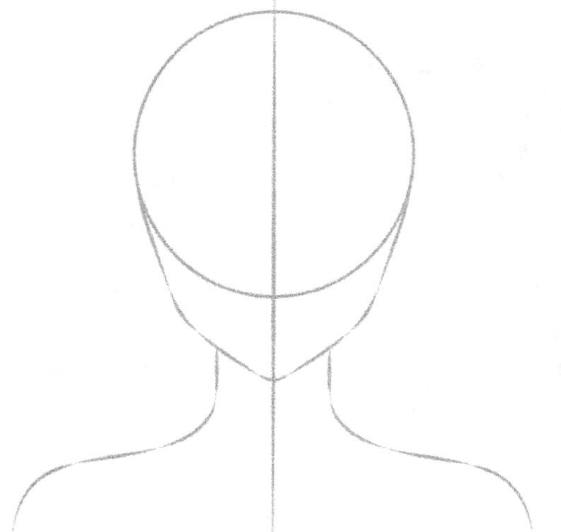

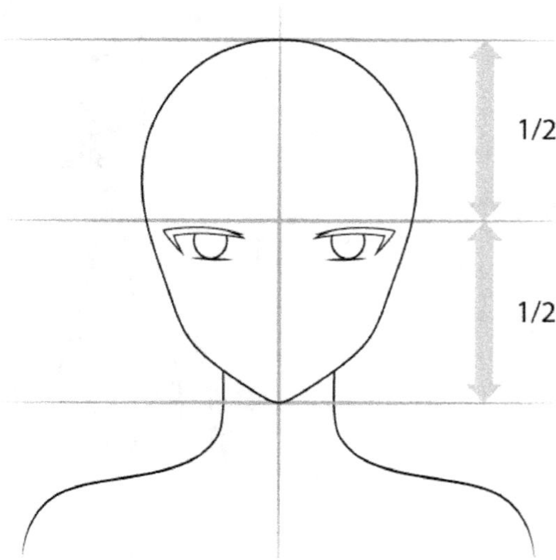
1/2
1/2

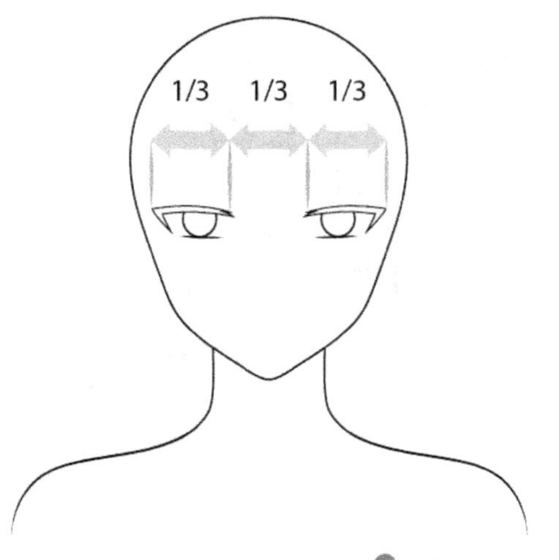

1/3 1/3 1/3

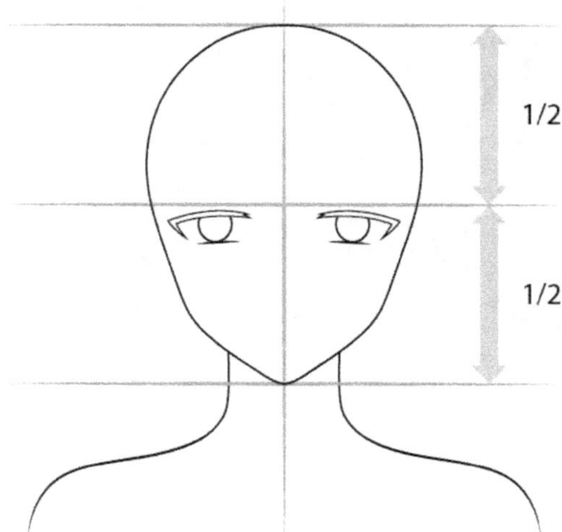

1/2
1/2

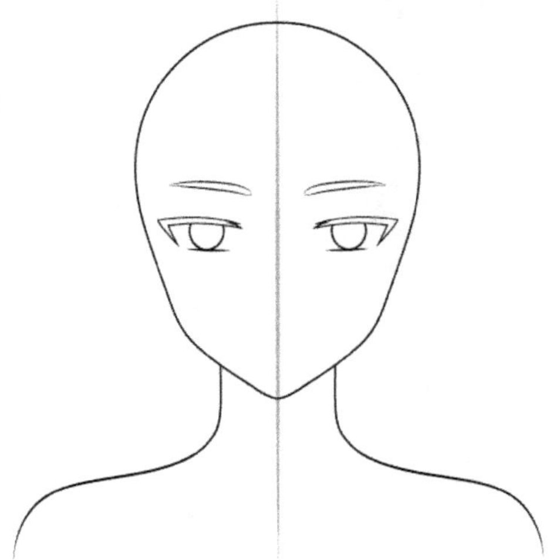

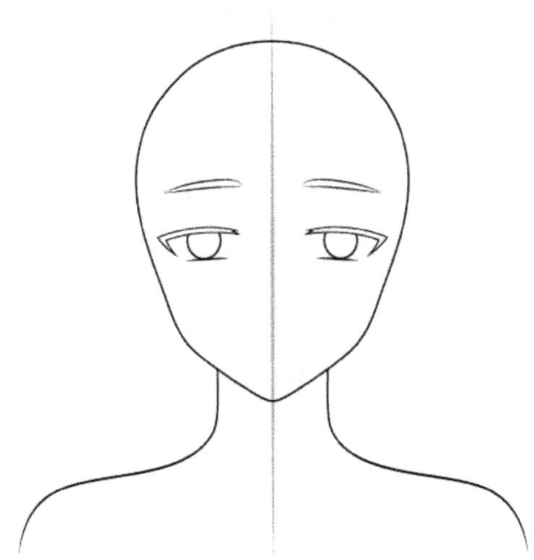

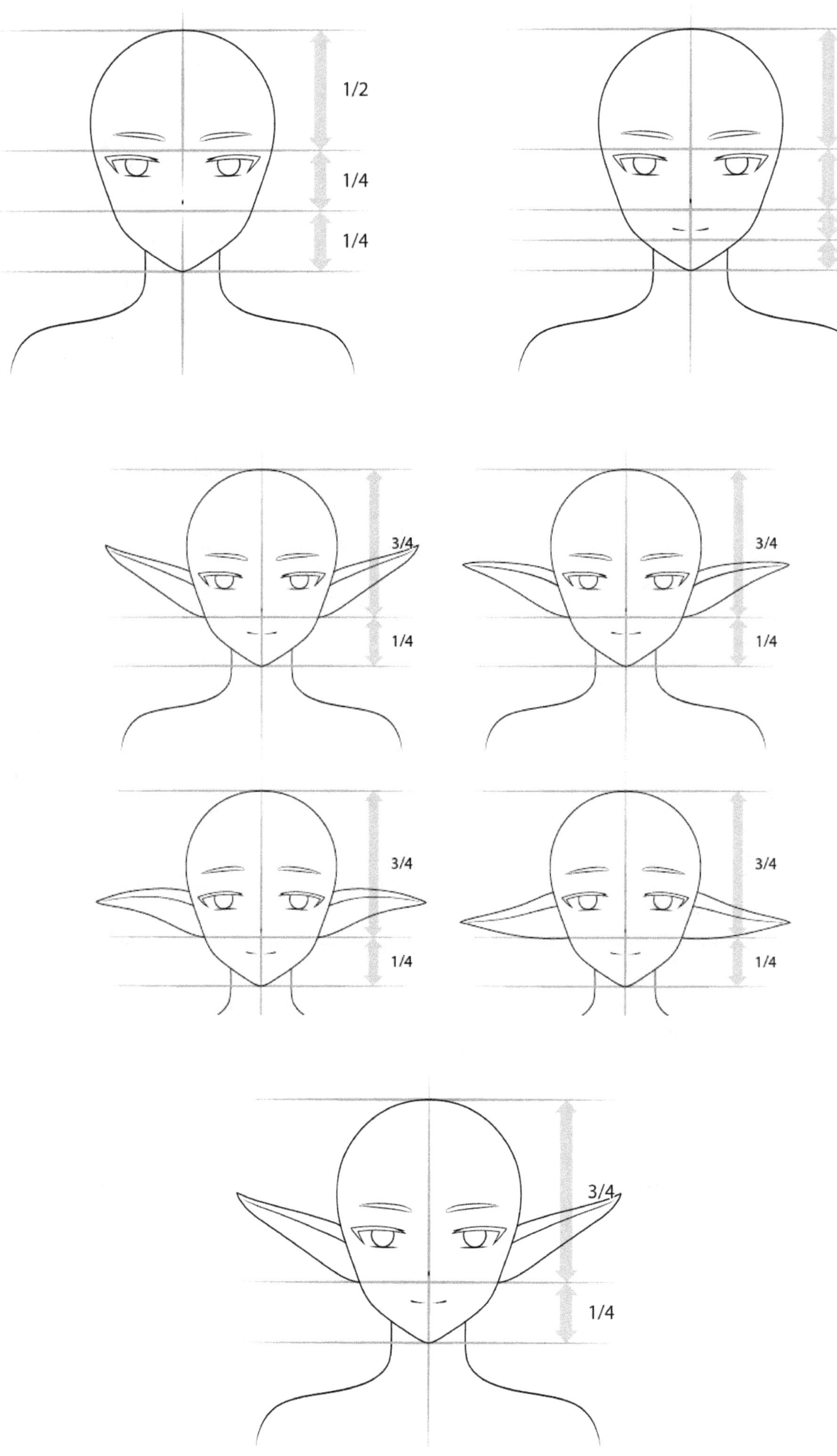

1/2
1/4
1/4
1/2
1/4
1/8
1/8
3/4
1/4
3/4
1/4
3/4
1/4
3/4
1/4
3/4
1/4

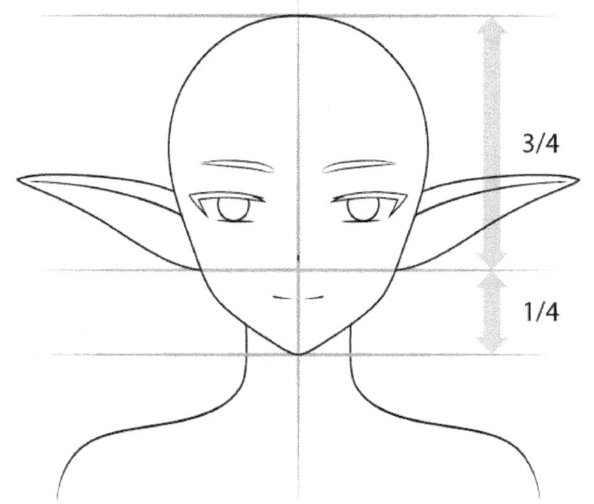

3/4
1/4

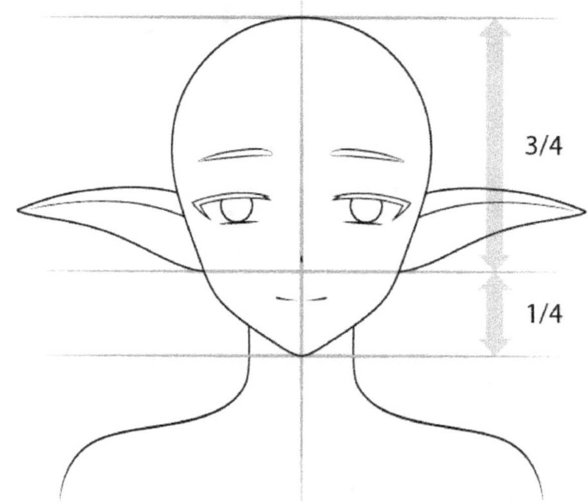

3/4
1/4

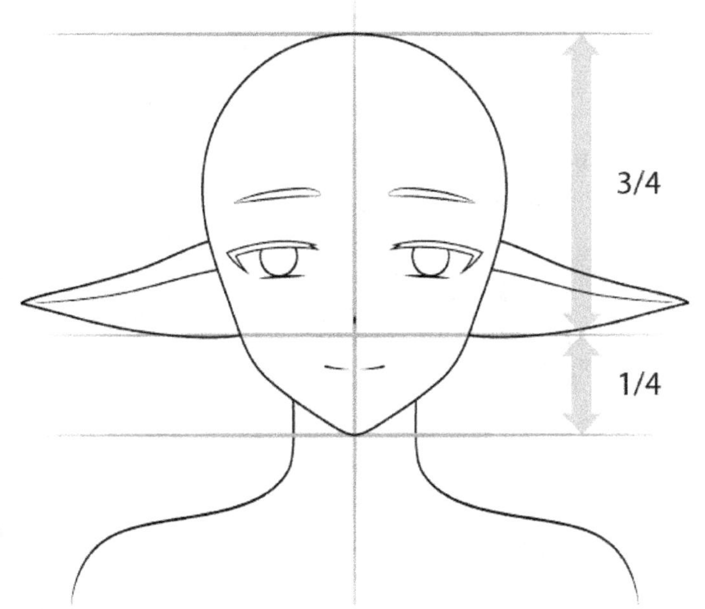

3/4
1/4

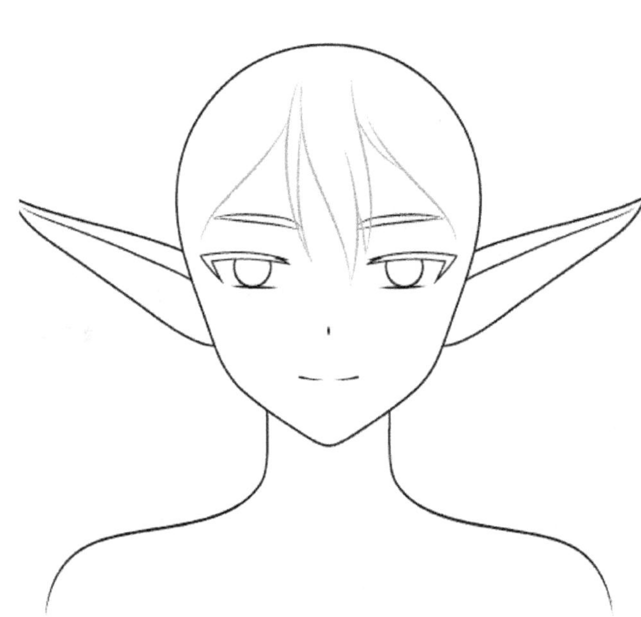

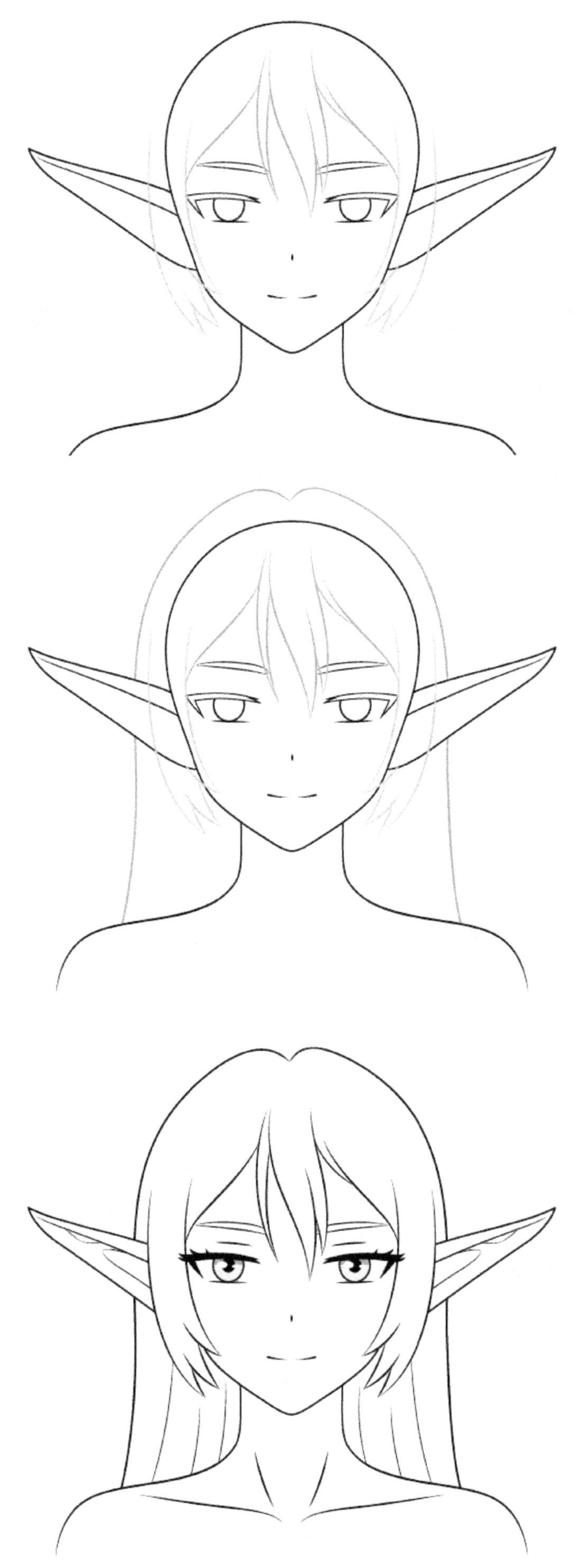

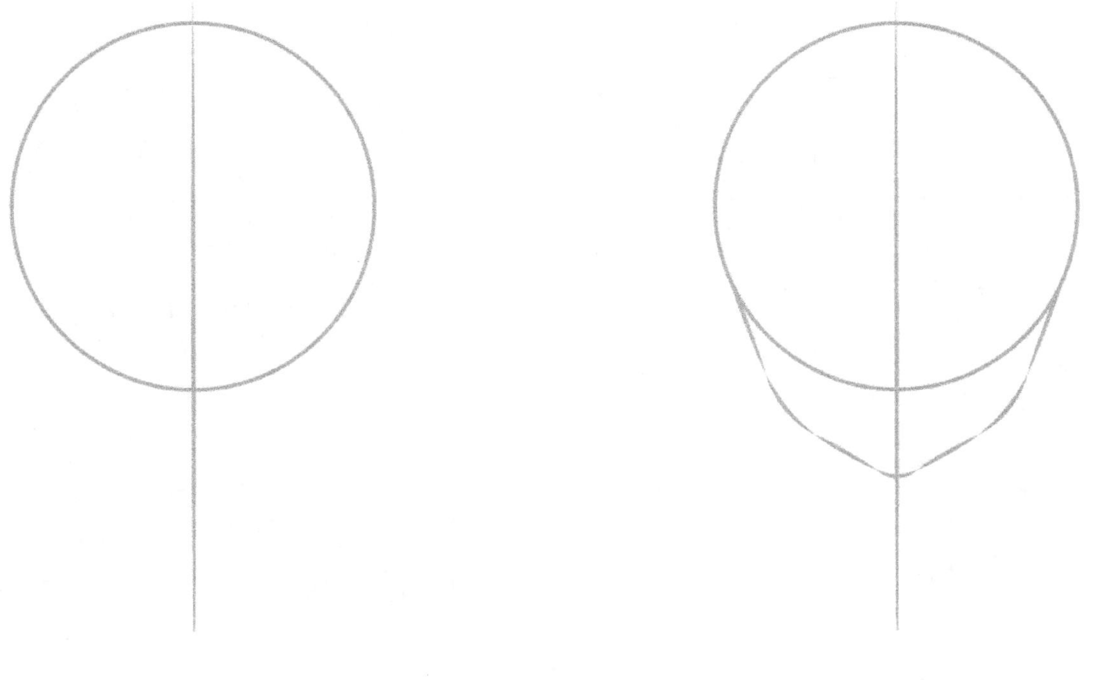

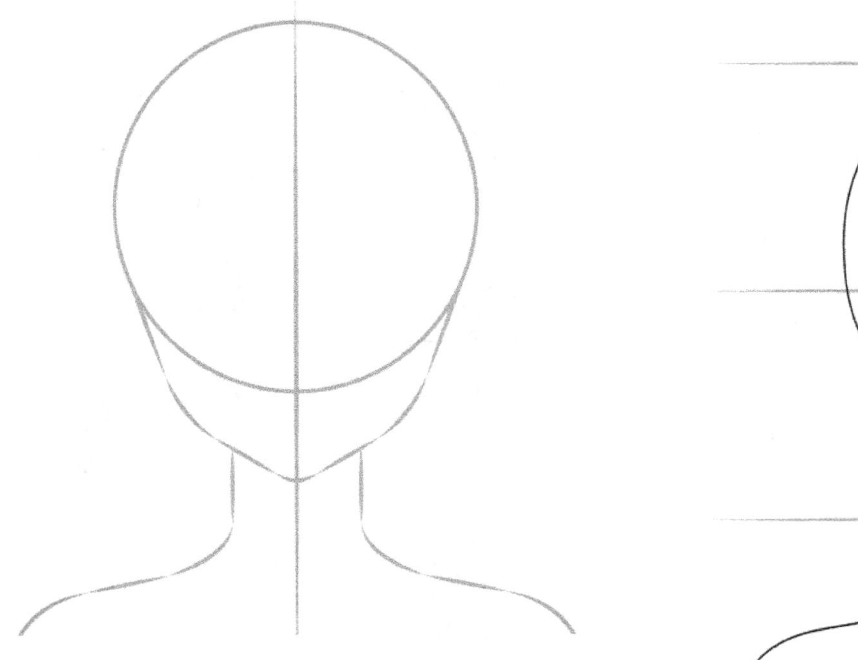

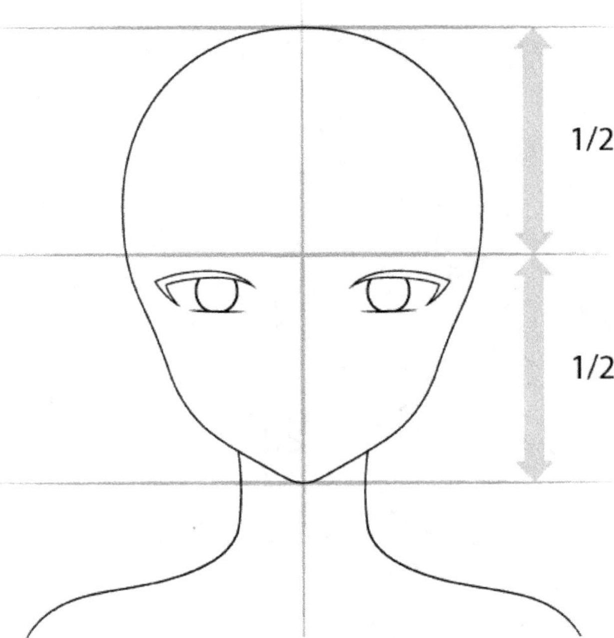
1/2
1/2

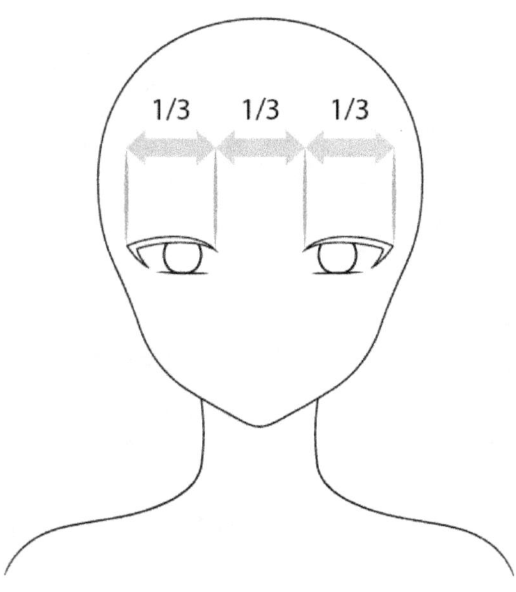

1/3
1/3
1/3

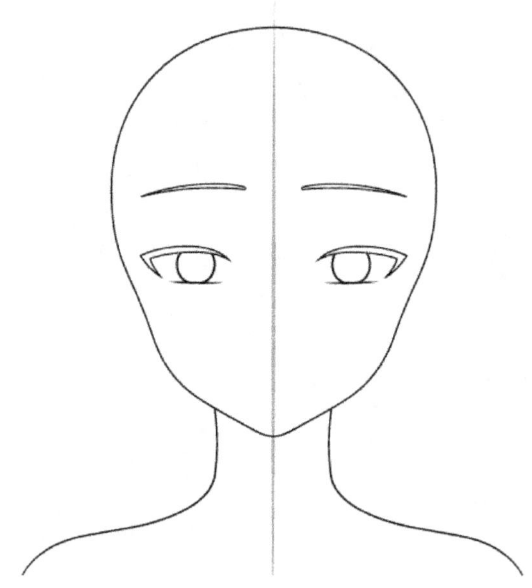

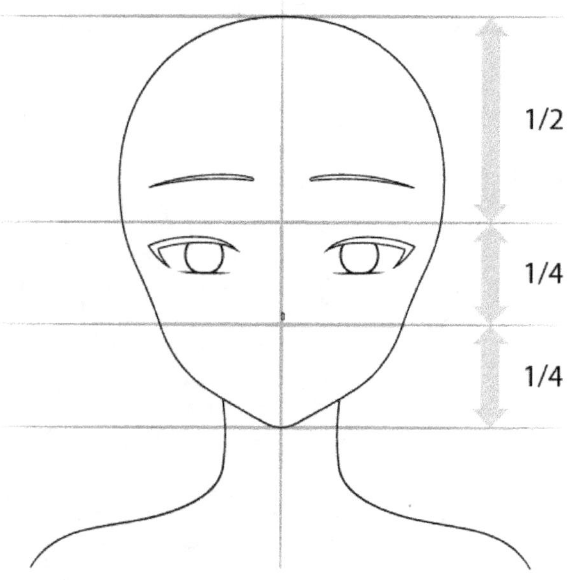

1/2
1/4
1/4

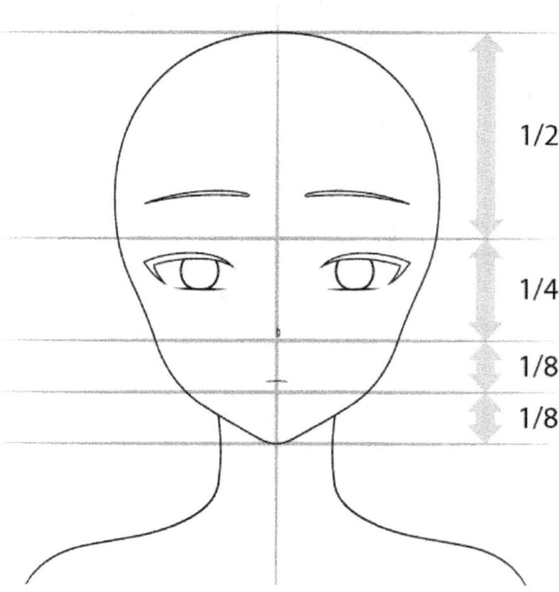

1/2
1/4
1/8
1/8

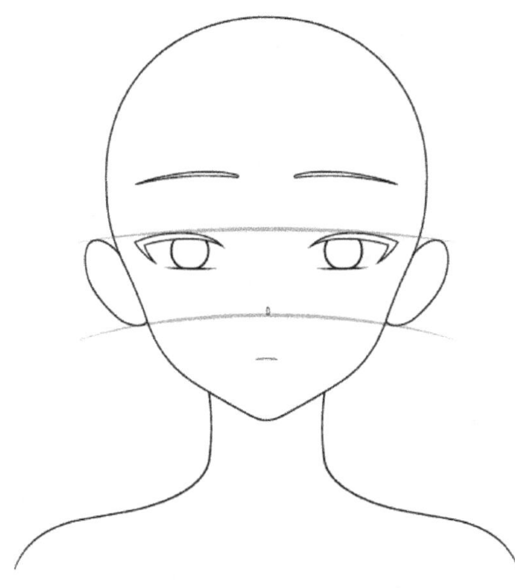
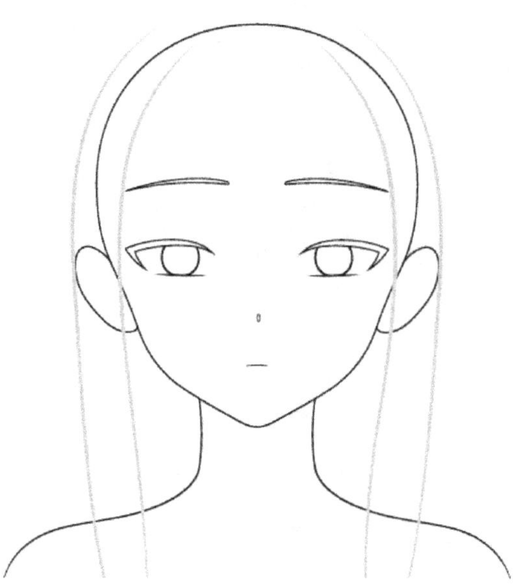
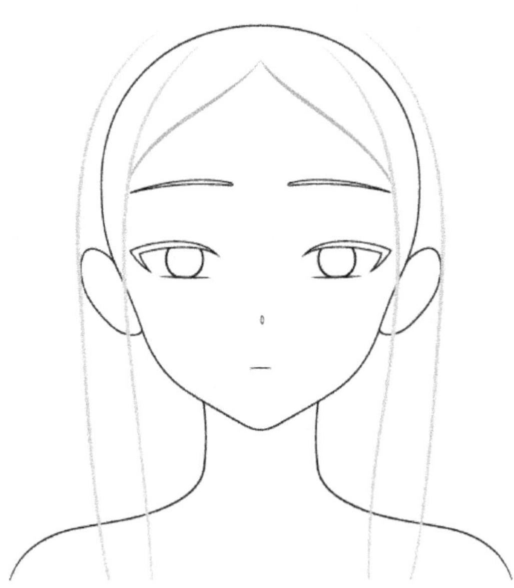
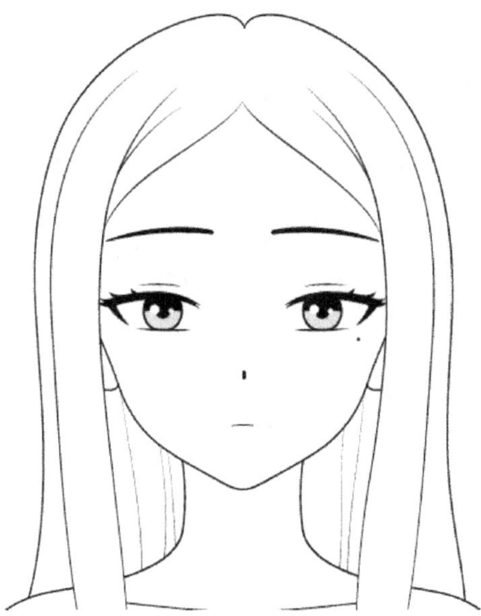

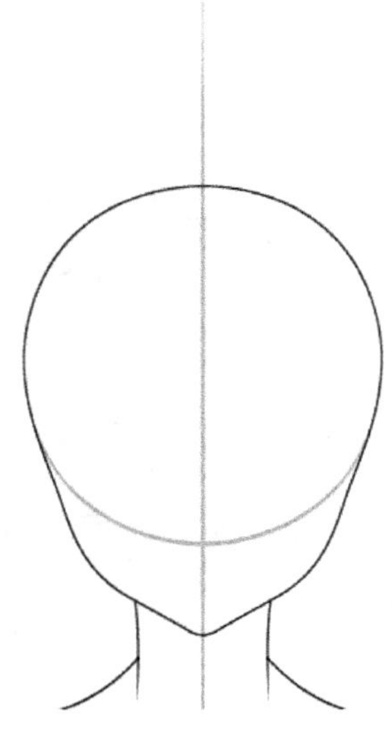

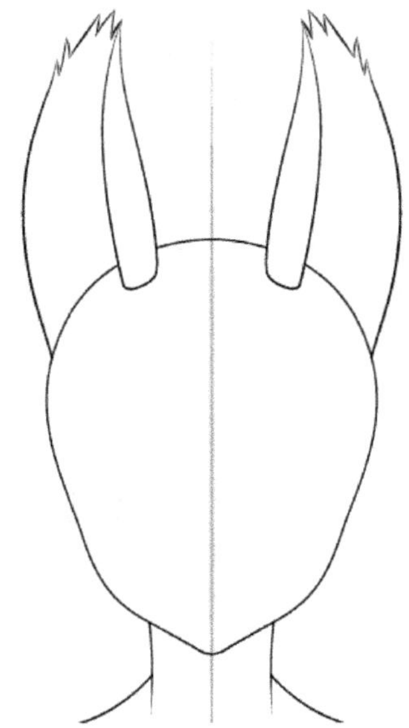

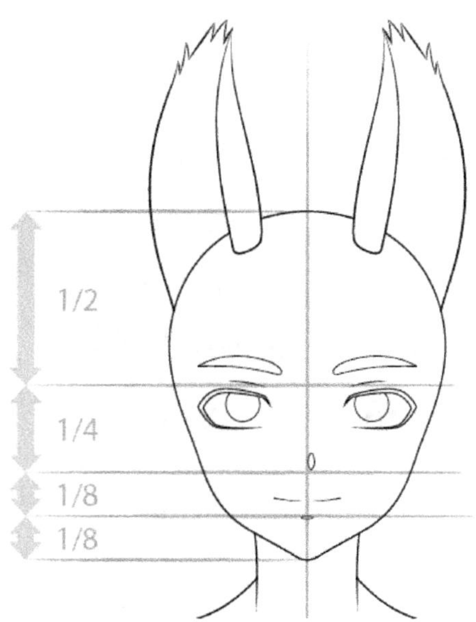

1/2
1/4
1/8
1/8

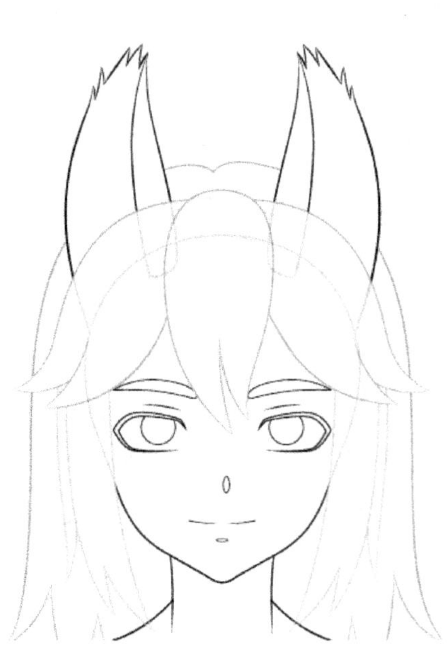

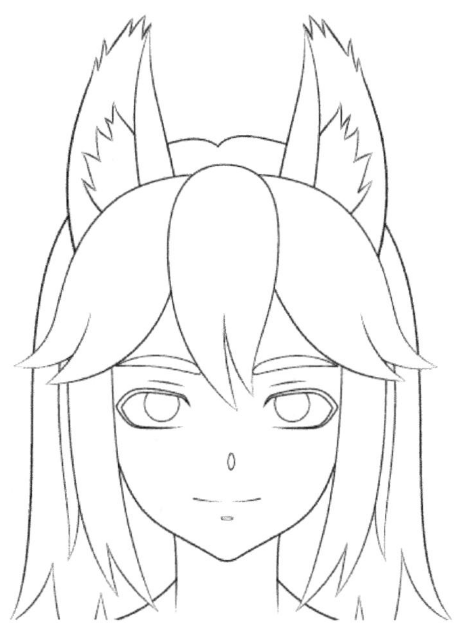

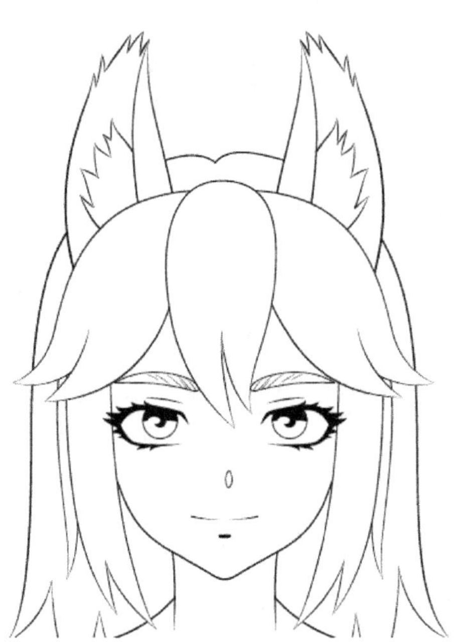

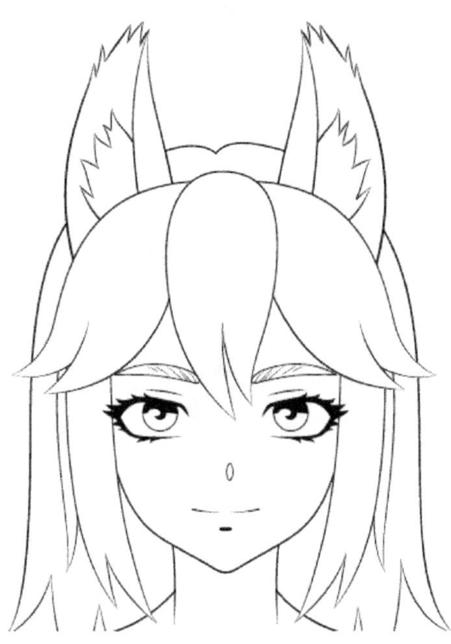

1

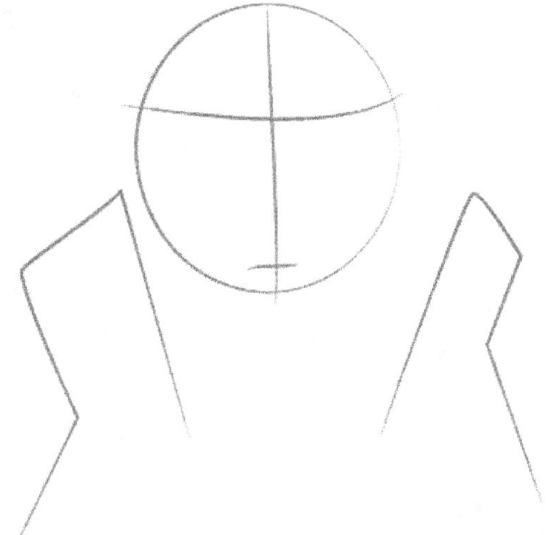

2

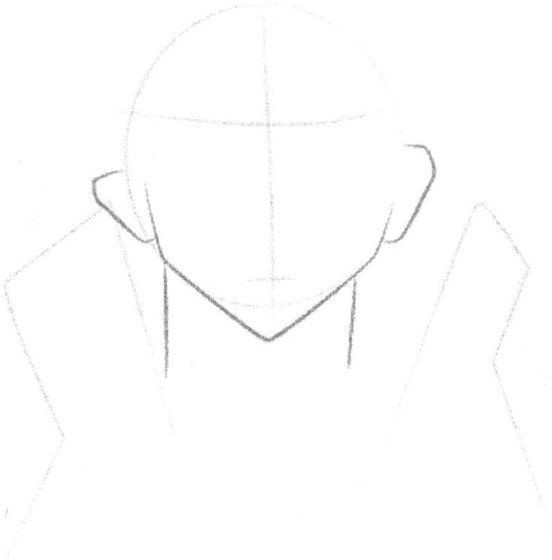

3

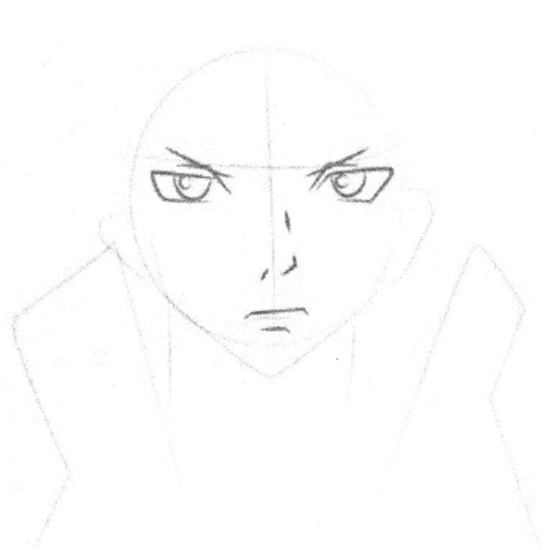

4

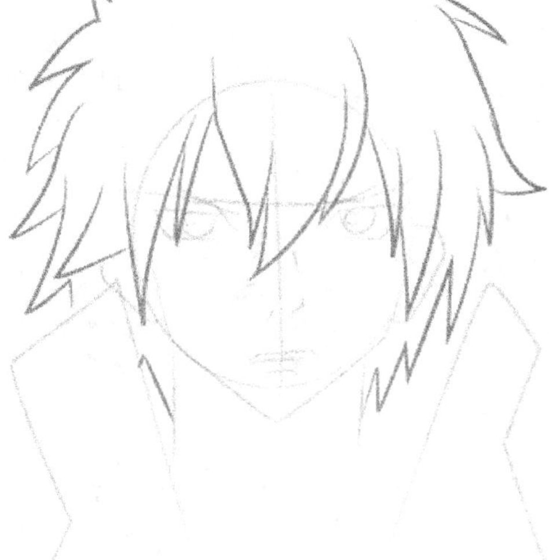

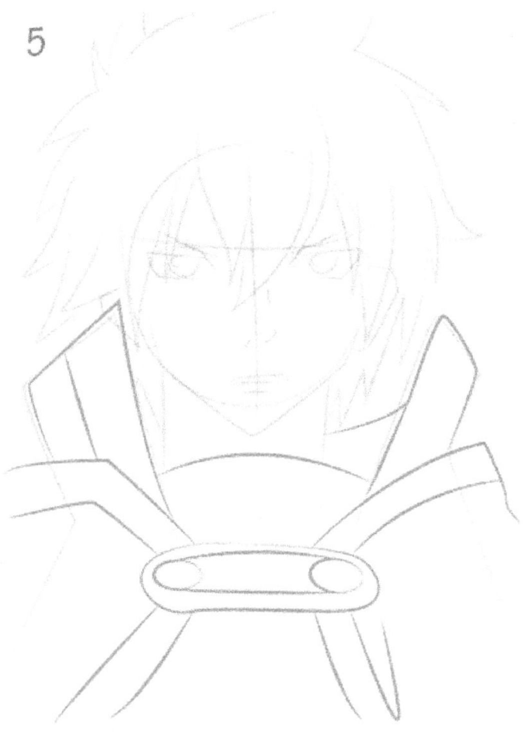

5

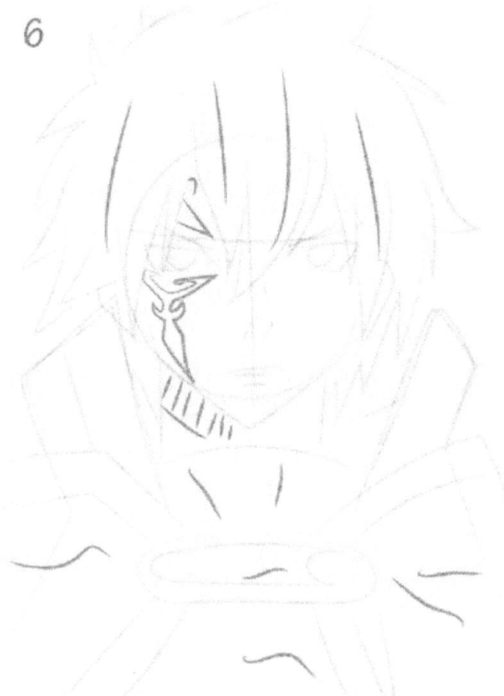

6

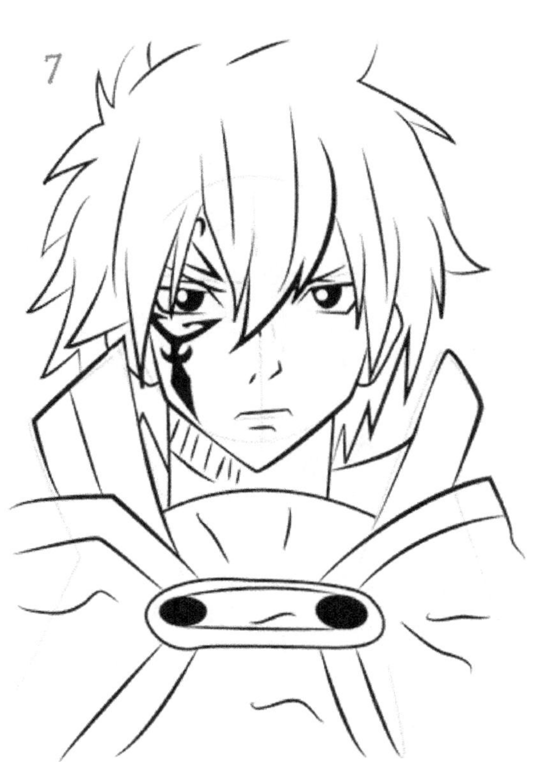

7

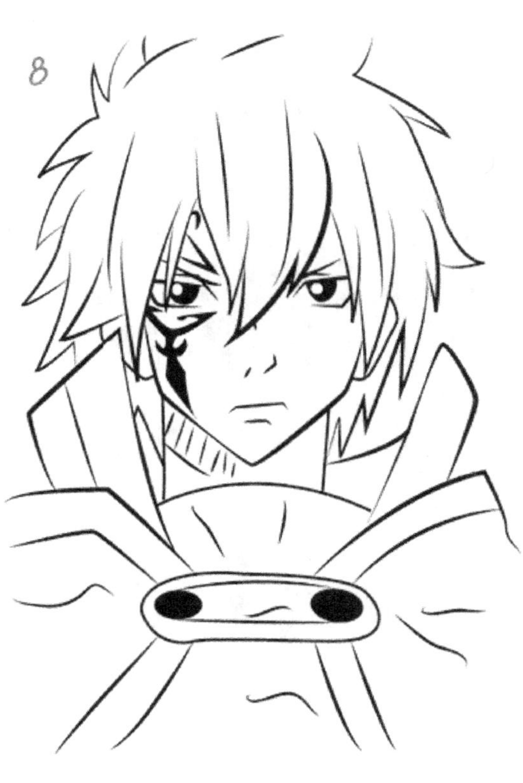

8

1

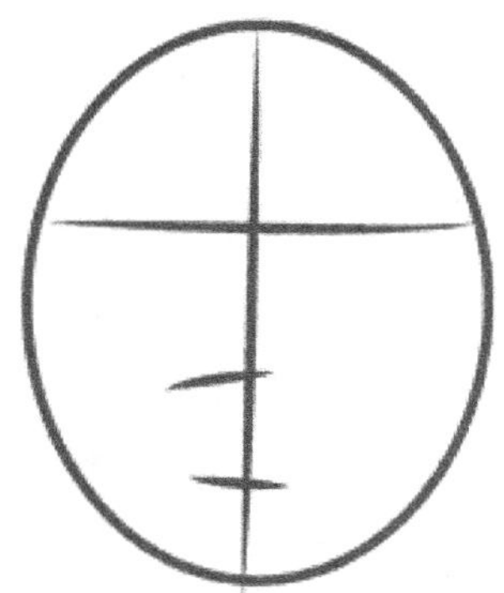

2

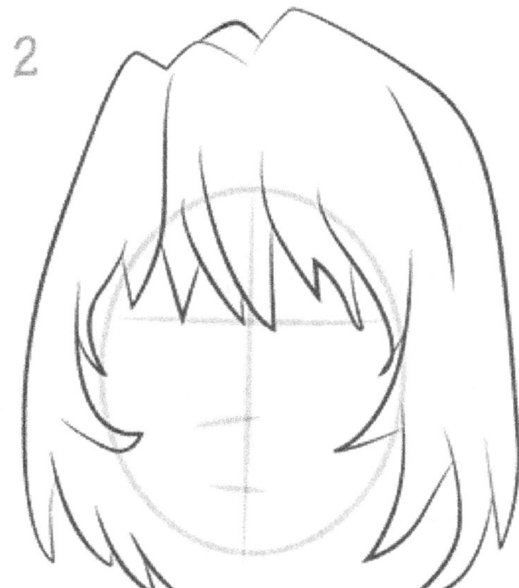

3

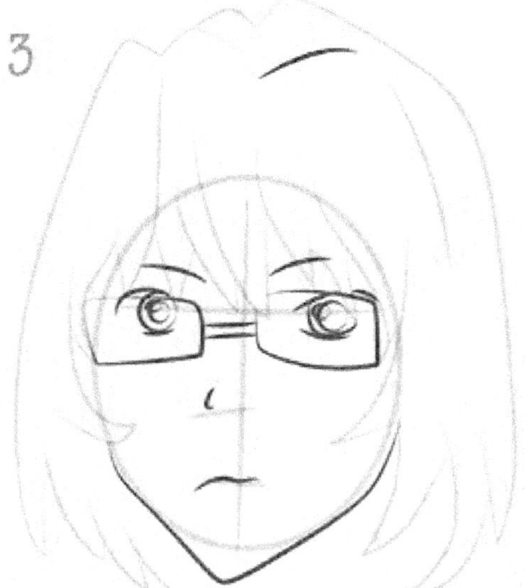

4

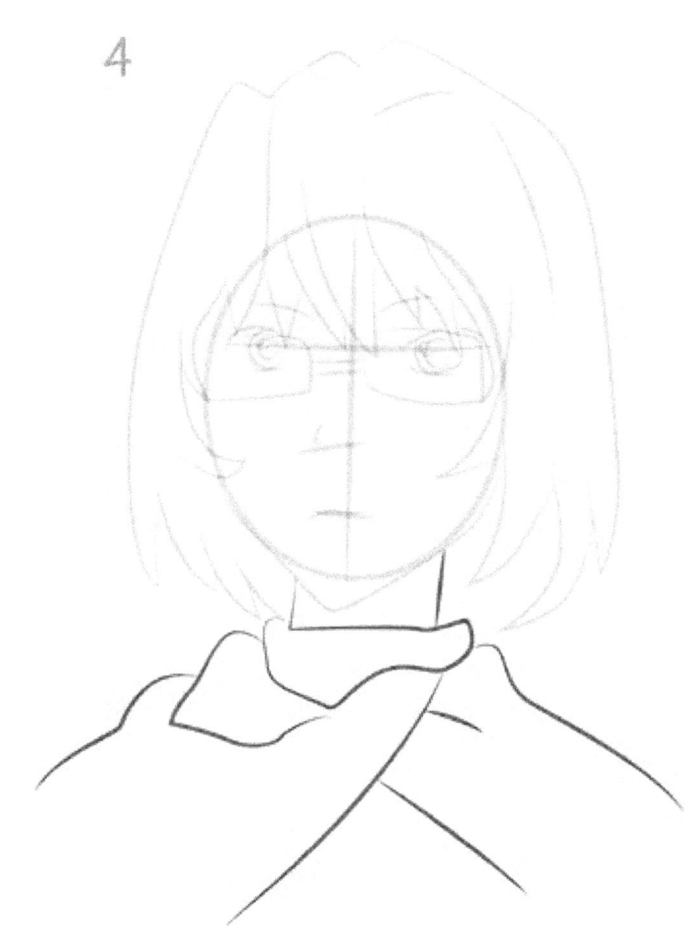

5

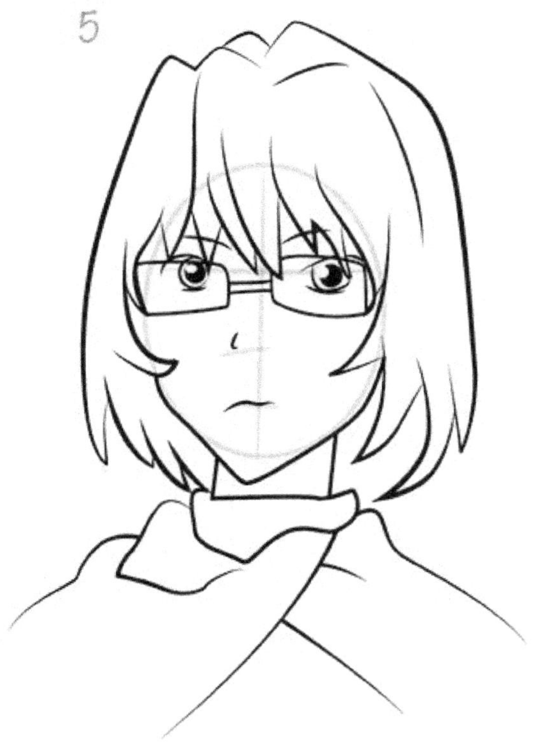

6

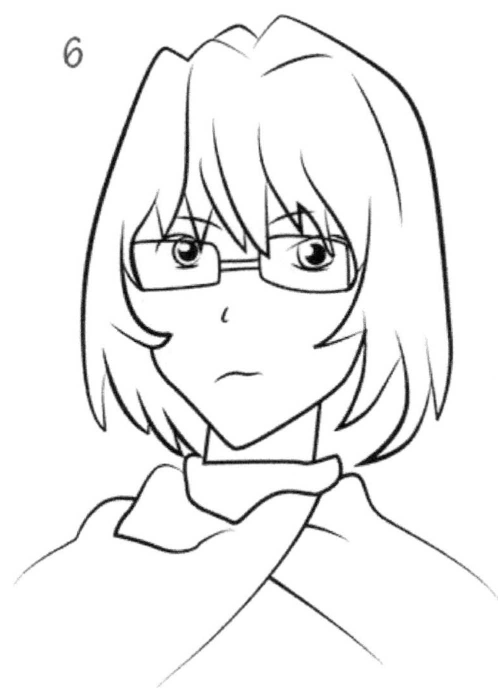

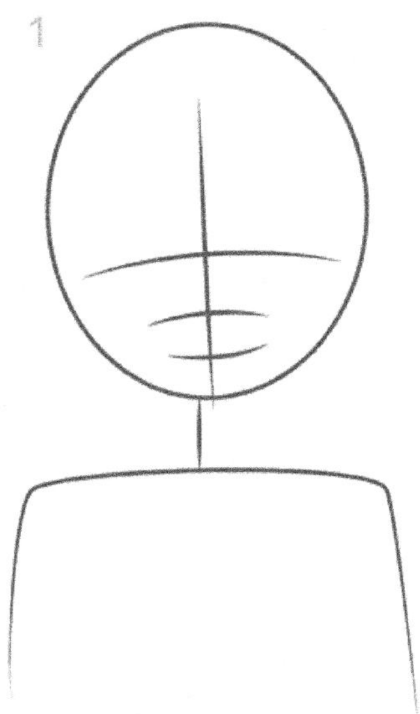

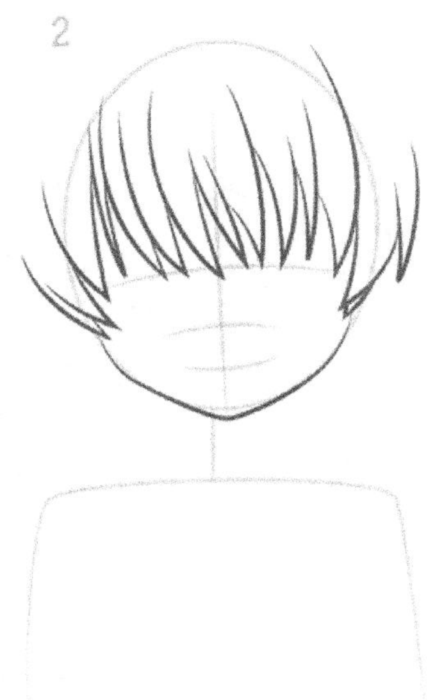

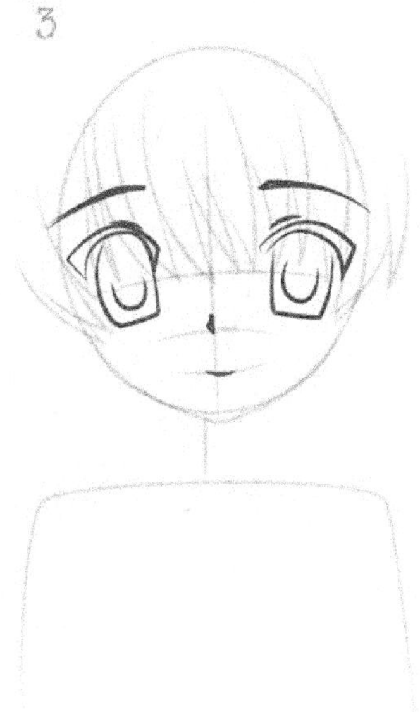

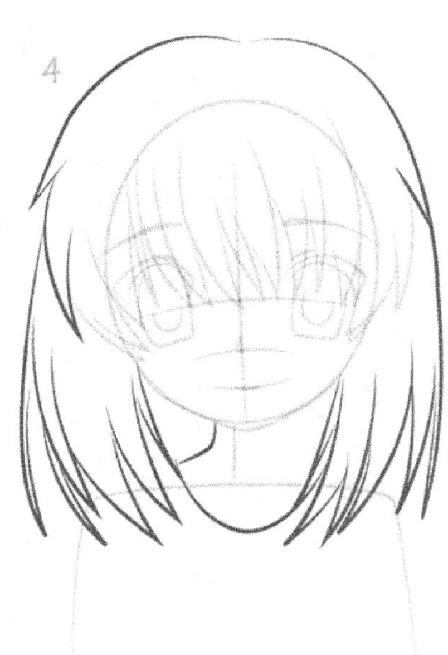

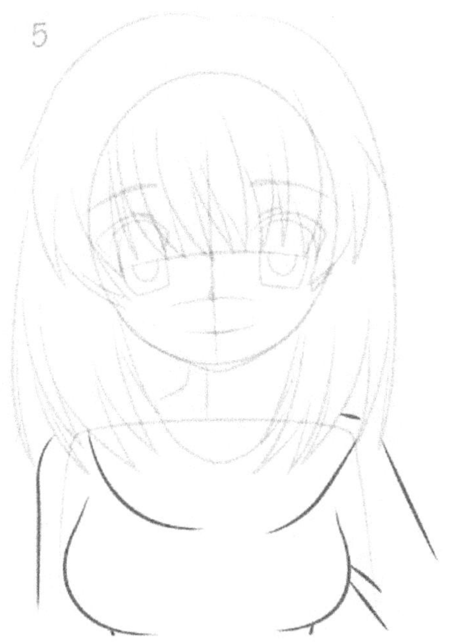

5

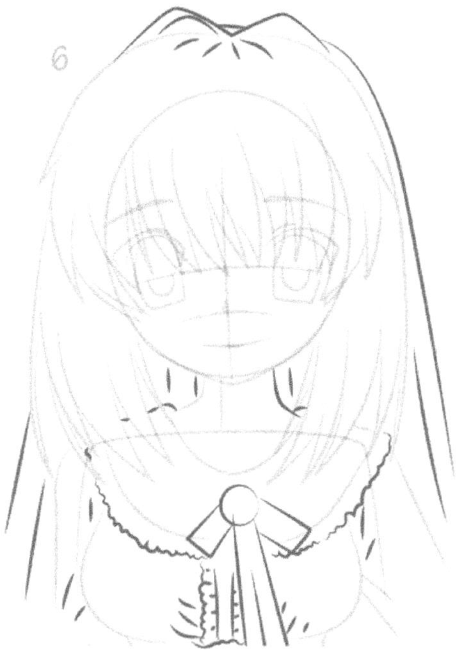

6

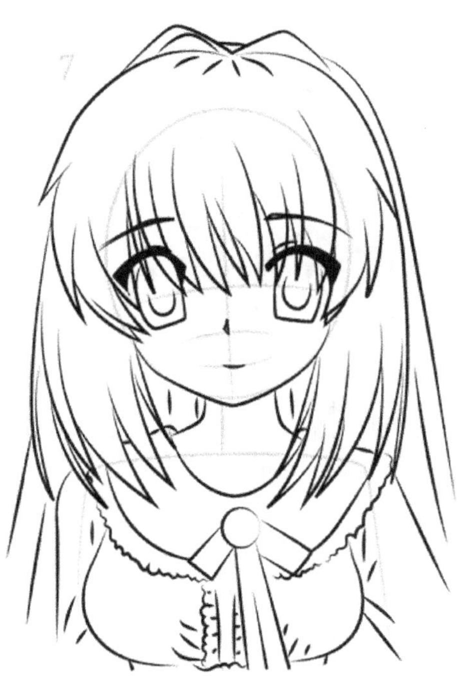

7

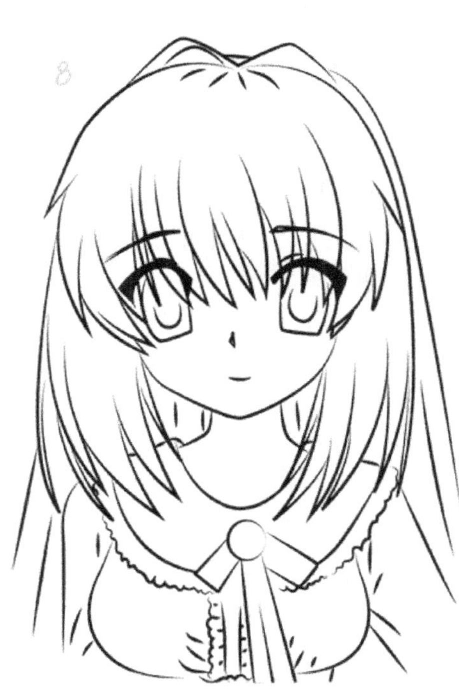

8

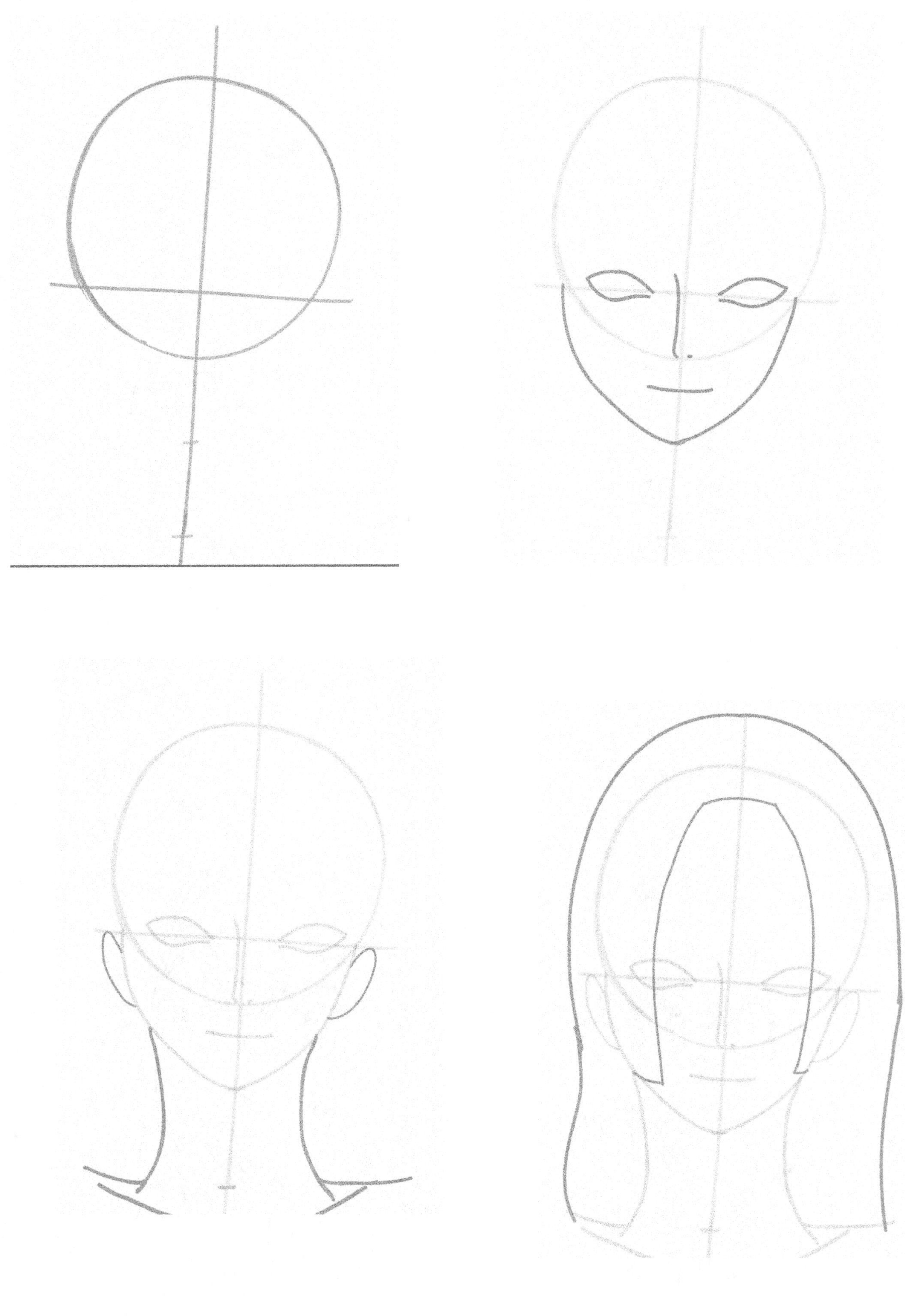

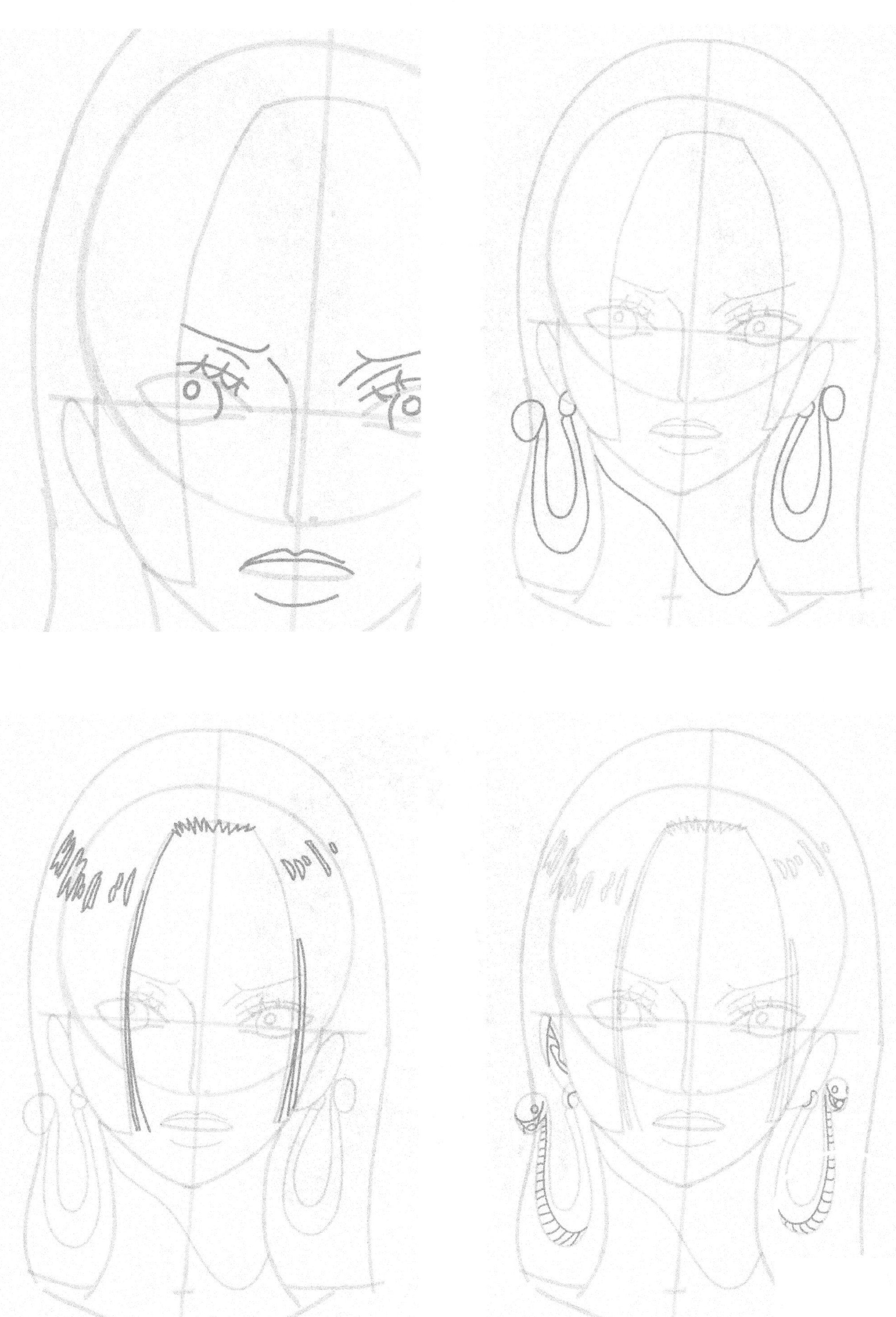

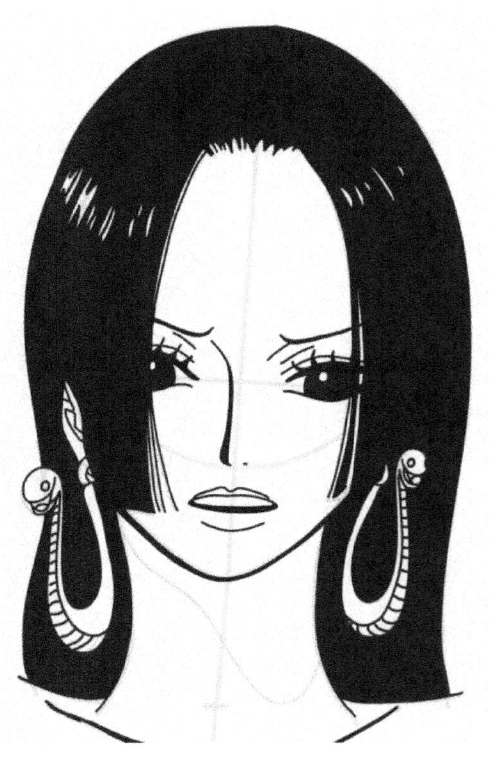
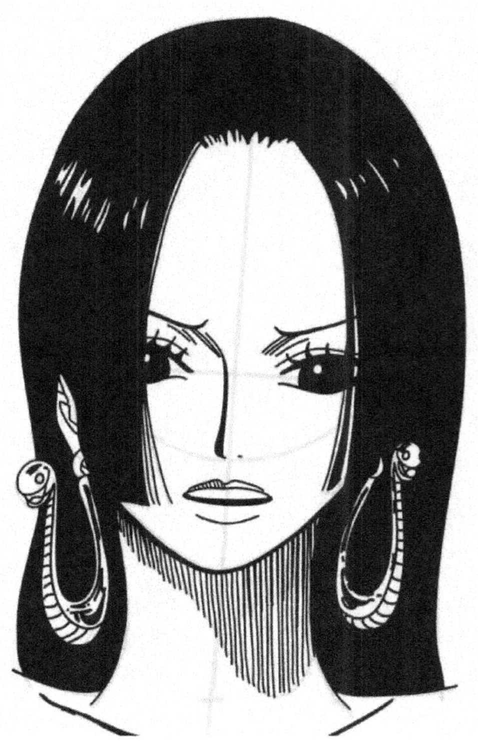
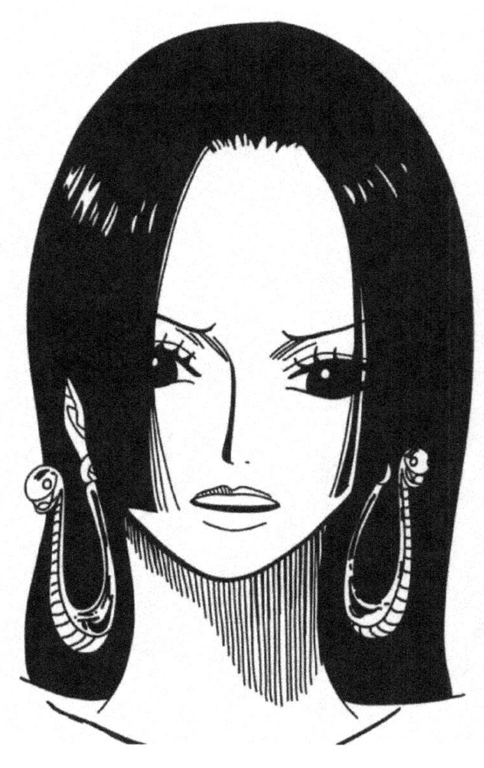